一貫連携英語教育をどう構築するか
―「道具」としての英語観を超えて―

鳥飼玖美子　編著

東信堂

はじめに

　本書は、立教学院「英語教育研究会」(英語ワーキンググループ) による2冊目の書です。最初の出版は、2012年に刊行した『英語の一貫教育へ向けて』(東信堂) でした。この時は、毎年恒例の学院教員研修会における講演記録が主で、英語教育研究会による執筆は第二部の「生きた英語教育を求めて」の中で共同研究を紹介したのみでした。そこで今度は、英語教育研究会メンバーがそれぞれの実践や考えや思いについて自由に書いた本を出すことにしました。

　書名を『一貫連携教育をどう構築するか』としたのは、立教学院英語教育研究会が発足以来目指してきたことを端的に表現したいと考えたからです。また、副題にある「『道具』としての英語観を超えて」は、毎月の研究会で話し合ってきた中から生まれた問題意識そのものです。

　外国語教育が至難なのは、理念と知識と実践のすべてが必須だからです。言語に関する知識(文法、語彙、音韻など)と実技の練習は欠かせませんが、言語コミュニケーションがいかなるものかという認識がないままスキルだけを指導しても、内容のない空疎な言語を扱うことになり結局は運用力に繋がりません。昨今の英語教育ですぐに成果を出すことが求められるのは、英語なんて所詮は道具なのだから、という誤解が流布しているからにほかなりません。私たちにとってそれは極めて残念なことです。英語という外国語を学ぶ難しさも面白さも、人間にとっての言語の重み、言語と文化の抜き差しならぬ関係に起因することを、何とか伝えたいというのが私たちの願いです。

　書名にある「連携」という言葉は、立教学院の特徴を表しています。

立教学院の各校（小学校、池袋中学校・高等学校、新座中学校・高等学校、大学/大学院）は、それぞれが独立した組織として、異なる教育内容を展開しています。そのため、各教科の一貫性を協議する際も、「一貫教育」ではなく、各校の独自性を尊重しながら連携して一貫性を追究するという意味で、1998年以来、「一貫連携」という言葉を使っています。英語教育も例外ではありません。いわば学院内の「多様性」を前提にしているわけです。

但し、多様な中にも、同じ立教学院としての「普遍性」は確かに存在します。それは学院の教育理念としての「キリスト教に基づく人間教育」であり、教育目標としての「テーマを持って真理を探求する力」「共に生きる力（共生力）」の育成です。EUの理念を借用すれば、立教学院の教育は、「多様性の中の統一」(unified in diversity) と言えるかもしれません。

英語教育については、学院全体の教育目標と整合性のある「目的」を求めて英語ワーキンググループ内で議論を重ね、2005年に、**「発信型の英語力」「コミュニケーション能力」「異文化理解と異文化対応」**の3点を英語ワーキンググループとして英語教育の柱としました。

英語ワーキンググループの立ち上げは2003年12月ですから、毎月集まっての自主的な活動を2015年2月現在で11年間も続け、既に12年目に入っていることになります。学校の業務としてではなく、まさに現場からの発意で各校の英語教員が自らの意思と熱意で集まり地道に歩んできたその間に、世界は急速にグローバル化が進みました。その波は教育にも押し寄せており、英語教育は「国際共通語としての英語」という新たな課題への対応を迫られています。立教学院の英語一貫連携における目的を再検討する時期に来ているとも考えられます。しかし解釈の仕方では、現在の3つの柱を堅持することが可能です。

まず「発信型の英語」は、英語を指導するにあたって、情報を受信して理解するだけでなく、常に「発信」を念頭に置くことを指します。当然でありながら忘れられがちなのは、書く、話すという発信のためには、

聞く、読むという受容能力、つまり理解力が出発点となることです。さらにいえば、読むという一見受容的な作業は、実は解釈を伴う能動的な活動であることも指摘しておきます。したがって、「発信型」という言葉には、さまざまな意味が込められているのですが、分かりやすく換言すれば、4技能を駆使しながら学び、自らの意見や主張を英語で発信することが第一の目標となります。

次に、英語力を支えるのは「コミュニケーション能力」です。他者との関係構築こそが「コミュニケーション」の基本であり、社会の中でコミュニケーションを円滑に行うことのできる能力は、母語がその基盤であり、その上に外国語能力が培われます。そして、一方的な発信ではない、相手とのやりとり(interaction)が中心となる討論、議論、交渉などには、言語の知識だけではなく、コミュニケーション能力が欠かせません。

同時に、英語という外国語を習得する目的として重要なのが、「異文化を理解し、異文化に対応すること」です。異文化と邂逅し対峙した時には、理解しようと務める開かれた心が必須ですが、それは外国語を学ぶことと密接な関係があります。英語の場合は、国際共通語という特殊な立場にあることから、他の外国語とは異なり、英語圏の個別文化の理解ではなく、「異質な文化」すなわち「異質性」にどう対応するかという、異文化コミュニケーション能力の育成と大きく関わってきます。

私たちは、そのような視座から英語教育を考え、人間教育の一環として英語学習を位置づけてきました。それは企業が求めるグローバル人材育成のための英語ではなく、より広く地球的な視野で未来へ向かう「グローバル市民を育成するための英語教育」ともいうべきものです。

本書では、一人ひとりの生徒や学生にとって何が大切かを考えつつ真摯な努力を続けてきた、ある私立一貫校の英語教員の姿と英語一貫教育の試みを、ありのままに提示しています。

第1章「英語教育の課題と社会状況」では、鳥飼玖美子(立教大学特任教授)が、英語教育政策を概観した上で、「グローバル化と現代日本の英語

教育政策―目指すべきグローバルな人材育成とは」を、グローバル時代に求められるコミュニケーションという視角から問います。

「英語教育における一貫性と学校間連携―その困難と課題をめぐって」では、教育学の立場から寺崎昌男（立教学院本部調査役）が学校間の連携がなぜ困難なのか分析し、一貫性を実現する上での課題は何かを論じます。

第2章では、**「一貫教育の構築へ向けた取り組み」**と題し、英語教育研究会（英語ワーキンググループ＝WG）立ち上げ以来の歩みを概観し、月例会議、教員研修会、各校授業公開などの活動内容を詳細にわたり報告します。一貫教育で常に課題となる各段階の接続については、小学校―中学校との接続、高校―大学接続への試みを具体的に報告し、中学―高校の接続についての実態を池袋と新座に分けて語ります。

第3章「各校のカリキュラムに見る多様性」では、立教小学校、立教池袋中学校・高等学校、立教新座中学校・高等学校、そして立教大学全学共通英語カリキュラムについて、各校の教員が紹介します。

第4章「実践から生まれた理論的な関心」は、毎月の会議で専門書を読んで議論し、専門家を講師に招いて学んだ理論と、それをどのように現場での実践に生かしたかの報告です。テーマのひとつは、数年かけて取り上げた「意欲喚起」「動機付け」です。次が、2012年、13年に取り上げた「CEFR（Common European Framework of Reference for Languages＝ヨーロッパ言語共通参照枠）」です。こちらはまだ実践に生かすまでには至っていませんが、文科省が推奨するCAN-DOとCEFRのCan Doとの違いを学び、各章ごとに分担して読み報告し合うことで「複言語主義」(plurilingualism)や「自律性」(autonomy)など、CEFRを支える基本理念を理解したのは大きな成果でした。

第5章「成果としての卒業生」では、小学校から大学までを立教学院で過ごした卒業生5名が、「立教で学んだ英語が、今どう生きていますか？」という問いに答えた生の声が収められています。

第6章では、**「現場の教員、一貫連携について大いに語る」**として、

『立教学院NEWS』(2012)に掲載された座談会が再録されています。

　この本は、寺﨑昌男調査役の出版についての提案と励ましがなければ誕生していませんでした。心から感謝する次第です。かつて英語教育研究会（WG）メンバーであった白石典義・大学副総長、新メンバーである森聡美・全カリ英語教育研究室主任にも、協力を謝すものです。

　卒業生の中には仕事や留学による海外在住者が二人いましたが、全員から快諾を得ることができました。樋口宏、中田達也、副島智大、武井大、千ヶ﨑祥平の皆さんに深く感謝します。

　執筆も原稿とりまとめも多忙な校務の合間を縫っての作業でしたが、編集委員である初瀬川正志、綾部保志のお二人および各執筆メンバーの労を多としたいと思います。また、これまでの私たちの歩みを支え、本書出版を補助された立教学院にも改めて謝意を表します。

　出版については、1冊目に続き今回も、東信堂にお世話になりました。丁寧に原稿を読み適切なアドバイスを下さるなど協力を惜しまなかった下田勝司社長に心からのお礼を申し上げます。

　日本の英語教育が進むべき道を求め、英語一貫教育の試みに取組んでおられる方々にとって、本書がいくばくかの参考になれば、望外の喜びです。

2015年2月

鳥飼玖美子（立教大学特任教授）

目次／一貫連携英語教育をどう構築するか──「道具」としての英語観を超えて

はじめに……………………………………………… 鳥飼玖美子　i

第1章　英語教育の課題と社会状況 …………………………… 3

編者コメント①　3

1　グローバル化と現代日本の英語教育政策 ………… 鳥飼玖美子　5
　　──目指すべきグローバルな人材とは
　　1　「グローバル人材育成戦略」……………………………… 4
　　2　「グローバル化に対応した英語教育改革の五つの提言」……… 7
　　3　日本社会と英語教育 ……………………………………… 14

2　英語教育における一貫性と学校間連携 …………… 寺﨑　昌男　18
　　──その困難と課題をめぐって
　　1　はじめに──三つの困難 ………………………………… 18
　　2　情報共有の困難と目標意識確認の困難について ……… 19
　　3　「教科毎」という視点を深めることの難しさ ………… 24
　　4　「グローバリゼーション」とその問題 ………………… 28

第2章　一貫教育の構築へ向けた取り組み …………… 33

編者コメント②　33

1　英語教育研究会 (ワーキンググループ) のあゆみ … 西村　正和　34
2　月例会議、教員研修会、各校授業公開という積み重ね　初瀬川正志　40
3　小中接続が生む連携というミッション ………………………… 44
　　1　小学校教員と中1担当者の意見交換会 ……… 天野　英彦　44
　　2　小中連絡会で得たこと──小学校で得た力を伸ばすには　土間　沙織　48
　　3　小中接続ミーティングを終えて ……………… 藤本　勉　52

4　中高接続とその実態　………………………………… 57
　1　中高接続はどうなっているか ……………… 初瀬川正志　57
　2　中学高校の接続について──カリキュラムを中心に　後藤　直之　59
5　英語教育への期待─大学の英語教育改革、そして高大連携への試み　白石　典義　63

第3章　各校のカリキュラムにみる多様性 ……………… 69

編者コメント③　69

1　立教大学全カリ英語のカリキュラムと能力像 … 森　聡美　70

2　立教池袋中学校・高等学校の英語教育 …………… 初瀬川正志　77
　──少人数と自然な英語

　コラム1　生徒の可能性を信じて ……………… 藤本　麻奈　82
　　　　　　　──英語夏期補習と授業実践
　コラム2　先ず隗よりはじめよ ……………………… 安原　章　84
　　　　　　　──教師自身の外国語学習から

3　立教新座中学校・高等学校の英語教育 ………… 古平　領二　87
　──多様性を受け入れる英語教育活動をめざして

　コラム3　「表現」する力 ……………………………… 横山　祐子　93

4　立教小学校の英語教育 ……………………………… 天野　英彦　95

第4章　実践から生まれた理論的な関心 ……………… 101

編者コメント④　101

1　「意欲喚起」について学ぶ …………………………………… 102
　1　学習意欲をどう持たせるか ………………… 綾部　保志　102
　2　実践
　　1　立教小学校における意欲喚起の試み ……… 西村　正和　106
　　2　池袋中高のアウトプット重視の活動 ……… 白石　大知　112

3　中学生の苦手意識と意欲喚起の狭間で …… 北岡　常彬　116
　2　CEFRについての研究から ………………………… 綾部　保志　121
　　（CEFR＝ヨーロッパ言語共通参照枠）

第5章　成果としての卒業生 ……………………………… 137

編者コメント⑤　137
　1　「ありかた」を育む英語教育 ……………………… 樋口　宏　138
　　コメント（東條吉純）　142
　2　立教学院の英語教育から頂いたもの ……………… 中田達也　142
　　コメント（鳥飼玖美子・初瀬川正志）　145
　3　立教での英語コミュニケーション経験 ……… 副島智大　145
　　コメント（初瀬川正志）　148
　4　気楽にエイリアン ………………………………… 武井　大　148
　　コメント（林　壮一）　150
　5　在学生の視点から見る立教学院の英語教育 … 千ヶ﨑祥平　151
　　コメント（初瀬川正志）　155

第6章　座談会　現場の教員、一貫連携について大いに語る … 157

編者コメント⑥　157
　鳥飼玖美子
　西村　正和
　天野　英彦
　初瀬川正志
　古平　領二

執筆者一覧………………………………………………………… 164

一貫連携英語教育をどう構築するか
──「道具」としての英語観を超えて

第1章
英語教育の課題と社会状況

〔編者コメント①〕
　第1章では、英語教育が置かれた社会的な状況を考察します。第一に、グローバリゼーションに突き動かされた日本政府による「グローバル人材育成」政策と、それが英語教育に与えている影響を取り上げます。喫緊の国家政策としてのグローバル人材育成の波は、「スーパーグローバル大学創成支援」採択という形で立教大学、「スーパーグローバルハイスクールSGHアソシエイト」採択という形で立教新座高校が関係していますが、それにとどまらず、文部科学省による英語教育改革政策として日本全国の小学校から大学までを呑み込もうとしています。その状況を概観した後、第二に、そのような現代社会の中で一貫教育を進める上での困難と、グローバリゼーションとの関連が検討されます。

1　グローバル化と現代日本の英語教育政策
　　——目指すべきグローバルな人材とは

　　　　　　　　　　　　　　　　　　　立教大学特任教授　鳥飼玖美子
　1　「グローバル人材育成戦略」
　2　「グローバル化に対応した英語教育改革の五つの提言」
　3　日本社会と英語教育

2　英語教育における一貫性と学校間連携
　　——その困難と課題をめぐって

　　　　　　　　　　　　　　　　　　　立教学院本部調査役　寺﨑昌男
　1　はじめに——三つの困難
　2　情報共有の困難と目標意識確認の困難について
　3　「教科毎」という視点を深めることの難しさ
　4　「グローバリゼーション」とその問題

1　グローバル化と現代日本の英語教育政策
——目指すべきグローバルな人材とは

鳥飼玖美子

　2010年代の英語教育は、政府が推進する「グローバル人材育成」政策と不可分の関係にあります。本章では、英語教育の立場から「グローバル人材」育成について検討し、そのあるべき姿を摸索してみます。

1　「グローバル人材育成戦略」

　政府のグローバル人材育成推進会議は、2012年6月4日に「グローバル人材育成戦略」と題する審議まとめを発表しました。

　基本的な問題意識として、海外へ留学する日本人学生の数が2004年以降、減少に転じていることが挙げられ、中国やインド、韓国で海外留学が増えている状況と対比させて憂慮しています。これ以降、各都道府県自治体が積極的に高校生を海外に送り出し、大学も盛んに留学を奨励するようになっています。

　「グローバル人材」とはどのような人材か、という定義については、次の要素が挙げられています。

```
要素Ⅰ：語学力・コミュニケーション能力
要素Ⅱ：主体性・積極性、チャレンジ精神、協調性・柔軟性、
　　　　責任感・使命感
要素Ⅲ：異文化に対する理解と日本人としてのアイデンティティー
```

要素Ⅰとして真っ先に挙げられている「語学力・コミュニケーション能力」が、つまりは英語力を指すというのは、次に登場する説明で分かります。

> 　グローバル人材の概念に包含される要素の幅広さを考えると、本来、その資質・能力は単一の尺度では測り難い。しかし、測定が比較的に容易な要素Ⅰ(「道具」としての語学力・コミュニケーション能力) を基軸として (他の要素等の「内実」もこれに伴うものを期待しつつ)、グローバル人材の能力水準の目安を (初歩から上級まで) 段階別に示すと、例えば、以下のようなものが考えられる。
> 　　①海外旅行会話レベル
> 　　②日常生活会話レベル
> 　　③業務上の文書・会話レベル
> 　　④二者間折衝・交渉レベル
> 　　⑤多数者間折衝・交渉レベル

　ここで注目すべきは、「語学力・コミュニケーション能力」を「道具」であると断定し、「測定が比較的に容易」だと言いきっていることです。この文書から読み取れるのは、「コミュニケーション」とは、主として「英語」のことであり、英語は単なる「道具」なのだから、簡単に「点数で測れる」、という見解です。政府の考える「コミュニケーション」が、性能を具体的に測定できる「道具」観に基づいていることは、すぐ後に続けてTOEFLスコアの国別ランキングが低いと問題にしていることでも分かります。

　このように英語コミュニケーション能力を単純化して捉えているため、「若い世代では、同一年齢の者のうち約10%(即ち約１１万人程度)が概ね20歳代前半までに１年間以上の留学ないし在外経験を有し、前述の④⑤レベルのグローバル人材の潜在的候補者となっていることが通常の姿

となることを目指したい」と述べており、1年以上海外に滞在すれば英語で交渉できるようになるだろう、という楽観的な予想が見てとれます。

もちろん、留学と同時に英語教育の改革も求められており、「英語教育の強化」には、(1) 実践的な英語教育の強化(英語・コミュニケーション能力、異文化体験等)、(2) 高校留学等の促進、(3) 教員の資質・能力の向上、の3点が列挙されています。

興味深いのは、「異文化理解」ではなく、「異文化体験」という用語が使われていることです。これは、「内向き」とされる若い世代を海外へ送り出す「留学」を念頭においていることと関連していそうです。同時に、小学生のうちから「国内外における異文化体験」が提案されています。実践的な英語コミュニケーション能力をつける為には異文化(おそらくは英語文化)の中で学び、英米文化を体現するネイテイブスピーカーの指導を受ければ良いと考えていることが窺われます。その為の方策として「大学や民間団体等との連携」および「JETプログラム等の活用」が推奨されています。

なぜ「異文化理解」や「相互理解」でなく、単なる「異文化体験」なのか、英語コミュニケーション教育とどう関連させるかについての説明はありません。

政府にとって喫緊の課題は恐らく、1番目の「実践的な英語教育の強化」でしょうが、この段階では具体案に踏み込んでおらず、「初等中等教育段階では、基礎的な学力・体力・対人関係力等をしっかりと身につけさせることが重要である」とした上で、「前述の③レベルの人材層及び④⑤レベルの潜在的候補者層を厚く形成していく上では、その基礎として、初等中等教育段階の実践的な英語教育を抜本的に充実・強化することが不可欠である。特に、小中高を通じて英語・コミュニケーション能力等の育成を図るとともに、児童・生徒の国内外における異文化体験の機会を充実させることが重要である」と記述されているだけです。この点は、次に説明するように、文科省が2013年12月に具体的な政策

を公表しています。

2 「グローバル化に対応した英語教育改革の五つの提言」

　文部科学省は2013年12月に「グローバル化に対応した英語教育改革実施計画」(以下、「実施計画」)を発表し、「2020年の東京オリンピック・パラリンピックを見据え、新たな英語教育が本格展開できるように、本計画に基づき体制整備等を含め2014年度から逐次改革を推進する」と述べ具体案を提示しました。そして、この計画を実現する為、2014年2月から9月にかけて「英語教育の在り方に関する有識者会議」が開催され、「今後の英語教育の改善・充実方策について　報告〜グローバル化に対応した英語教育改革の五つの提言〜」が出されました。多岐にわたるその内容を以下に紹介します。

文部科学省　グローバル化に対応した英語教育改革の五つの提言

(「概要」抜粋)

改革1　国が示す教育目標・内容の改善
　〇学習指導要領では、小・中・高を通して1.各学校段階の学びを円滑に接続させる、2.「英語を使って何ができるようになるか」という観点から一貫した教育目標(4技能に係る具体的な指標の形式の目標を含む)を示す。
　〇高等学校卒業時に、生涯にわたり「聞く」「話す」「読む」「書く」の4技能を積極的に使えるようになる英語力を身に付けることを目指す。あわせて、生徒の英語力を把握し、きめの細かな指導の改善・充実や生徒の学習意欲の向上につなげるため、従来から設定されている英語力の目標(学習指導要領に沿って設定される目標(中学校卒業段階：英検3級程度以上、高等学校卒業段階：英検準2級程度から2級程度以上)を達成した中・高生の割合50%)だけでなく、高等学校段階

の生徒の特性・進路等に応じた英語力、例えば、高等学校卒業段階で、英検2〜準1級、TOEFL iBT60点前後以上等を設定し、生徒の英語力の把握・分析・改善を行うことが必要。

- 小学校：中学年から外国語活動を開始し、音声に慣れ親しませながらコミュニケーション能力の素地を養うとともに、ことばへの関心を高める。高学年では身近なことについて基本的な表現によって「聞く」「話す」ことなどに加え、「読む」「書く」の態度の育成を含めたコミュニケーション能力の基礎を養う。学習の系統性を持たせるため教科として行うことが求められる。小学校の英語教育に係る授業時数や位置づけなどは、今後、教育課程の全体の議論の中で更に専門的に検討。
- 中学校：身近な話題についての理解や表現、簡単な情報交換ができるコミュニケーション能力を養う。文法訳読に偏ることなく、互いの考えや気持ちを英語で伝え合うコミュニケーション能力の養成を重視する。
- 高等学校：幅広い話題について発表・討論・交渉などを行う言語活動を豊富に体験し、情報や考えなどを的確に理解したり適切に伝えたりするコミュニケーション能力を高める。

改革2．学校における指導と評価の改善

○英語学習では、失敗を恐れず、積極的に英語を使おうとする態度を育成することが重要。中学校・高等学校では、主体的に「話す」「書く」などを通じて互いの考えや気持ちを英語で伝え合う言語活動を展開することが重要。また、生徒が英語に触れる機会を充実し、中学校の学びを高等学校へ円滑につなげる観点から、中学校においても、生徒の理解の程度に応じて、授業は英語で行うことを基本とする。

○各学校は、学習指導要領を踏まえながら、4技能を通じて「英語を使って何ができるようになるか」という観点から、学習到達目標を設定（例：CAN-DO形式）し、指導・評価方法を改善。併せて主体的な学びにつながる「コミュニケーションへの関心・意欲・態

度」を重視し、観点別学習状況の評価において、例えば、「英語を用いて〜ができる」とする観点を「英語を用いて〜しようとしている」とした評価を行うことによって、生徒自らが主体的に学ぶ意欲や態度などを含めた多面的な評価方法等を検証・活用。
○小学校高学年で教科化する場合、適切な評価方法については先進的取組を検証し、引き続き検討。

改革3. 高等学校・大学の英語力の評価及び入学者選抜の改善
○生徒の4技能の英語力・学習状況の調査・分析を行い、その結果を、教員の指導改善や生徒の英語力の向上に生かす。
○入学者選抜における英語力の測定は、4技能のコミュニケーション能力が適切に評価されることが必要。
○各大学等のアドミッション・ポリシーとの整合性を図ることを前提に、入学者選抜に、4技能を測定する資格・検定試験の更なる活用を促進。そのため、学校、テスト理論等の専門家、資格・検定試験の関係団体等からなる協議会を設置し、
  • 適切な資格・検定試験の情報提供、
  • 指針づくり（学習指導要領との関係、評価の妥当性、換算方法、受験料・場所、適正/公正な実施体制等）、
  • 試験間の検証、英語問題の調査・分析・情報提供
等の取組を早急に進めることが必要。
○「達成度テスト」の具体的な検討を行う際には、連絡協議会の取組を参考に英語の資格・検定試験の活用の在り方も含め検討。

改革4. 教科書・教材の充実
○小学校高学年で教科化する場合、学習効果の高いICT活用も含め必要な教材等を開発・検証・活用。
○主たる教材である教科書を通じて、説明・発表・討論等の言語活動により、思考力・判断力・表現力等が一層育成されるよう、次期学習指導要領改訂においてそのような趣旨を徹底するとともに、教科用図書検定基準の見直しに取り組む。

○国において音声や映像を含めた「デジタル教科書・教材」の導入に向けた検討を行う。
○ICT予算に係る地方財政措置を積極的に活用し、学校の英語授業におけるICT環境を整備。

改革5.　学校における指導体制の充実
○地域の大学・外部専門機関との連携による研修等の実施や、地域の指導的立場にある教員が英語教育担当指導主事や外部専門家等とチームを組んで指導に当たることなどにより、地域全体の指導体制を強化。地域の中心となる英語教育推進リーダー等の養成、定数措置などの支援が必要。
○各学校では、校長のリーダーシップの下で、英語教育の学校全体の取組方針を明確にし、中核教員等を中心とした指導体制の強化に取り組むことが重要。
○小学校の学びを中学校へ円滑に接続させるため、小中連携の効果が期待される相互乗り入れ授業、カリキュラムづくり、指導計画作成などを行う合同研修など実質的な連携促進が必要。
○小学校の中学年では、主に学級担任が外国語指導助手（ALT）等とのティーム・ティーチングも活用しながら指導し、高学年では、学級担任が英語の指導力に関する専門性を高めて指導する、併せて専科指導を行う教員を活用することにより、専門性を一層重視した指導体制を構築。小学校教員が自信を持って専科指導に当たることが可能となるよう、「免許法認定講習」開設支援等による中学校英語免許状取得を促進。英語指導に当たる外部人材、中・高等学校英語担当教員等の活用を促進。
○2019（平成31）年度までに、すべての小学校でALTを確保するとともに、生徒が会話、発表、討論等で実際に英語を活用する観点から中・高等学校におけるALTの活用を促進。
○大学の教員養成におけるカリキュラムの開発・改善が必要。
　例えば、
- 小学校における英語指導に必要な基本的な英語音声学、英語指

導法、ティーム・ティーチングを含む模擬授業、教材研究、小・中連携に対応した演習や事例研究等の充実、
- 中・高等学校において授業で英語によるコミュニケーション活動を行うために必要な英語音声学、第2言語習得理論等を含めた英語学、4技能を総合的に指導するコミュニケーションの科目の充実等を、英語力・指導力を充実する観点から改善することが必要。今後、教員養成の全体の議論の中で検討。

　同時に、小学校の専科指導や中・高等学校の言語活動の高度化に対応した現職教員の研修を確実に実施。

　有識者会議によるこの報告の中で評価できるのは、英語教員養成について、「英語音声学、第2言語習得理論等を含めた英語学、4技能を総合的に指導するコミュニケーションの科目の充実等」の改善が提案されている点です。これまで「コミュニケーションに使える英語」を指導せよと教員を叱咤激励しながら、肝心の教職課程において、第二言語習得理論、英語音声学などが必修科目ではなかったのですが、これは早急に改善されるべきでしょう。コミュニケーション学や異文化コミュニケーション学をきちんと学ぶことも必要です。同時に、小学校で英語を教科にするなら、英語の教員免許は中学高校のみという現状を改め、児童に英語を指導する専門家を養成する為に教員免許法を改正する必要があります。

　さて、「実施計画」(2013)で提案されていた「高校卒業段階で英検2級〜準1級、TOEFL iBT57点程度以上等」は、有識者会議では「高校生の特性・進路等に応じて、高等学校卒業段階で、例えば英検2級から準1級、TOEFL iBT60点前後以上等を設定」と微調整されています。

　「実施計画」で記された「大学入試においても4技能を測定可能な英検、TOEFL等の資格検定試験等の活用の普及・拡大」は、有識者会議報告では「入学者選抜において、英語力を測定する資格・検定試験のうち4

技能を適切に測定する試験の活用が奨励されるべきである。そのため、大学、高等学校及び中学校の学校関係団体、テスト理論等の専門家、資格・検定試験の関係団体等からなる協議会が設けられ、入学者選抜に際し、資格・検定試験が適切かつ効果的に活用されるような指針作りが早急に進められるべきである」となり、「TOEFL等」が消え、代りに「国際水準となっているCEFRとの関係を考慮した4技能を測定する試験」を検討することが提案されています。

CAN－DOとCan Doの差異

「実施計画」にも有識者会議報告にも登場するのがCAN–DOです。英語教育関係者の間では知られてきているものの詳細を理解している人は少なく、一般的な認知度が低いこのCAN–DOは、元々、欧州評議会（Council of Europe）が開発したCEFR「ヨーロッパ言語共通参照枠」[1]に由来するものです（4章2「CEFRについての研究から」を参照）。

「母語以外に二つの言語を学ぶことによる相互理解が平和な世界を築く」「言語同士が相互に作用し合うことで生涯かけて言語能力を培う」という複言語主義（plurilingualism）の理念を具現化し、国際コミュニケーションに寄与すると共に雇用の機会を拡大する為、欧州評議会が40年かけて作り上げた「言語能力評価の尺度」がCEFRです。学習者を「社会的存在」として考える行動志向の視点から能力記述（Can Do descriptors/statements）を用い、言語熟達度を多様な側面から微細に分類し測定しようとする「参照枠」で、個別言語にとらわれず、すべての言語に応用することが可能なことから世界の外国語教育に大きな影響を与えています。

日本でも少しずつ知られるようになり、文科省が導入するまでに至ったのですが、複言語/複文化主義の基本理念は置き去りにされ、かつ「評

---

[1] 吉島茂・大橋理枝（他）訳（2004）『外国語教育II　外国語の学習、教授、評価のためのヨーロッパ共通参照枠』朝日出版.[原著: Council of Europe.(2002). *Common European Framework of Reference for Languages: Learning, teaching, assessment*. Cambridge University Press.]

価の参照枠」に過ぎないものが、「英語を使って何ができるようになるか」という観点から「学習到達目標を設定する例」として「CAN-DO形式」が紹介されています。「評価の尺度」として開発された欧州のCan Doが、日本ではCAN-DOとして「学習の到達目標」として使われるわけで、CEFR開発に携わったヨーロッパの研究者たちは、「目標として扱うと教育が歪む」と懸念しています。「どの言語のどの技能で何が出来るようになったのか」を評価する尺度としての能力記述と、「○○が出来るようになる為に授業をしましょう」という目標とでは全く意味が異なるからです。有識者会議報告でも、「「CAN-DOリスト」は、もともとヨーロッパ共同体における複言語主義を背景とするCEFR（外国語の学習、教授、評価のためのヨーロッパ共通参照枠）において学習到達指標として提案されたものであり、それが、我が国では学習到達目標として用いられていることに関して指摘があった」となっていますが、指摘されたことが記録に残っただけで、実際の学校現場では既に「到達目標」としてCAN-DOリスト作成が行われています。

　先進文明受容にあたり、そのままではなく気に入った部分を現地化(localize)して日本のものとして取り込んできた日本人の器用さが存分に発揮されたともいえますが、母語以外に複数の言語を学び文化を知ることで、相互理解を可能にし、平和な世界を築くことを目指す「複言語・複文化」の理念を欠いたCEFRは、もはやCEFRとは言えません。CEFRを特徴づける「言語コミュニケーションには異文化能力が伴うという認識」「『読む、書く、聞く、話す』の4技能に加え『やりとり(interaction)』を加えた5技能の評価」、「その5技能について、それぞれの評価を出すことが可能」「客観評価と自己評価の両方が可能で、自律性の涵養を重視」「言語学習は生涯にわたり続くべきものという見識」など、言語教育についての哲学こそ導入し活用して欲しいものです。

　「グローバル人材育成戦略」では、「グローバル人材の育成・活用の必

要性を最も痛切に感じているのも、経済社会が中長期的に活性化することで直接のメリットを享受するのも、人材を採用する企業等の側である」(2012.p.20)と本音が語られています。つまり「グローバル人材育成」というスローガンのもとに策定された英語教育政策は、教育としての視点ではなく、経済界の要求に応えてのものなのです。

しかし英語という外国語を教えることは、「教育」にほかなりません。教育を受ける対象である生徒たちは、一人ひとりが異なる人間ですから一筋縄ではいきません。手間と時間がかかります。そして教育の成果は残念ながら多くの場合、目に見えないものです。ましてや、自らの母語との格闘が不可避の外国語学習、コンテクストに左右されるコミュニケーションという行為について成果を数値で表すことは不可能です。検定試験の点数を上げる指導なら可能でしょうが、それは英語によるコミュニケーション能力を保証するものではありません。

3　日本社会と英語教育

「グローバル人材」がとみに言われるようになった昨今、考え込んでいることがあります。批判や異論を嫌う空気が日本の社会に厳然として存在する中で、世界で活躍するグローバル人材を育てることが果たして可能なのだろうか、という疑問です。

グローバル人材育成における英語教育の目的は、交渉などで、言いたいことを英語で言える力を鍛える、ということのようですが、日本で「言いたいことを言う」と、もの言えば唇寒しになったり、出る杭は打たれたりになりかねません。言いたいことがあっても、「空気を読んで黙る」のが賢明だと、日本社会では考えられているのではないでしょうか。大人の世界はそうだと、子どもは感じているのではないでしょうか。そうなると「言いたいことを言う力を育てる」英語教育は、日本の現実では受け入れられないことを練習させていることになります。英語

で言えばほめられるけれど、日本語で言うと許されないとなれば、話す意欲など生まれようがありません。ここにこそ、日本人が英語を使えるようにならない原因があるように思います。日本語で言えないことは英語で言えるわけがないのですから。

　自由に意見をやりとりして相互理解をはかることが難しい社会では、グローバル人材など育つわけがないという点を直視すれば、英語を駆使することのできるグローバル人材を育てるには、伝統的な日本社会のあり方、コミュニケーションについての日本人の価値観そのものを問い直すことが不可欠であるように思われます。

　さらに、英語教育を超えた観点を付言するなら、グローバルに生きるということと、日本という国で生きることが、どのように関連するのかを見据えて議論をしないと、教育の混乱は免れません。経済面の利益をひたすら追求するグローバル化と、国民国家の存続を目指した国を愛する心をどのようにして両立させるのでしょうか。若者の内向きを批判しグローバルに生きることを求め、海外の大学に入学することを国家として推奨することと、日本国内の教育制度を充実させ、暮らしやすい社会をつくり、国内で仕事をする選択の自由を提供することは、どう整合するのでしょうか。推進されている政策では、相反するふたつの要素が混在しており、日本が一体どこへ向かおうとしているのかの将来像が見えてきません。

　「グローバル人材」なるものが存在するとして、その最も重要な資質は、政府案が示しているような、闘うための道具としての「語学力」ではなく、異質な考えを理解しようとする開かれた心です。むろん、国際共通語としての英語は大切です。しかし肝心なのは、異質性とどう折り合いをつけるかであり、その為の異文化コミュニケーション能力であるはずです。さまざまな価値観や意見があり、賛成も反対もある中で、ことばをつくして説明し主張して着地点を相互に探り合うことがコミュニケーションです。

そのような前提から考えるならば、学校教育に求められるのは、国連が提唱している、より幅広い概念である「グローバル市民性」(global citizenship)の育成ではないかと感じています。児童／生徒／学生が将来どのような職業に就くとしても、それぞれの場で、それぞれの能力をいかんなく発揮して持続可能な多文化共生社会に貢献するのが「グローバル市民」です。その資質は、自らのアイデンティティを確固として持ちつつ、「異質性に対して開かれた心」を持つこと。これは、換言すれば「他者の気持ちになって考えること」で、英語にするなら empathy（共感）です。それがあれば「異なる世界観を尊重する寛容性(tolerance)」が生まれます。その上で求められるのが「相手の文化を尊重しつつ、自らの考えを論理的に説明し、相互に歩み寄るコミュニケーション力」です。

　そのような異文化コミュニケーションを可能にするには、「国際共通語としての英語」(English as a Lingua Franca)が役に立ちますが、それは従来の「英米の地域語を学習しネイティブスピーカーのように話すことを目指す」英語教育ではありません。グローバル社会で必要なのは、非母語話者を含めた世界の人びととコミュニケーションをとる為の「共通語」としての英語であり、重視すべきは「分かりやすさ」(intelligibility)です。英語母語話者を規範とするのではなく、非母語話者であっても自らが英語を所有する感覚(sense of ownership)を獲得し、相互理解をはかる為に英語を駆使することが理想となります。当然のことながら、世界は英語だけで成立しているわけではないので、英語以外の言語にも敬意を抱く多言語的な視点、実際にいくつかの言語を関連づけながら学ぶ複言語主義的な試みも欠かせません。

　「グローバル人材育成」政策で経済活動の道具としての位置づけを与えられている英語教育が混迷を深めるのは必然かもしれません。しかし、私たち教員には未来を担う世代を育てる責務があります。嵐に翻弄されながらも、目の前の児童や生徒たち学生たちを大切に、英語という言語

を通してグローバルな意識を持つ市民を育て、多言語多文化が共存する未来へ送り届けたいというのが、私たち立教英語ワーキンググループの願いです。

参考図書

江利川春雄・斎藤兆史・鳥飼玖美子・大津由紀雄, 対談 内田樹×鳥飼玖美子(2014)『学校英語教育は何のため？』ひつじ書房

大津由紀雄・江利川春雄・斎藤兆史・鳥飼玖美子(2013)『英語教育、迫り来る破綻』ひつじ書房

鳥飼玖美子(2014)『英語教育論争から考える』みすず書房

鳥飼玖美子(2013)「グローバリゼーションの中の英語教育」、広田照幸、吉田文他(編)『シリーズ大学　第1巻グローバリゼーション、社会変動と大学』(139-166頁)岩波書店

鳥飼玖美子(2011)『国際共通語としての英語』講談社現代新書

2　英語教育における一貫性と学校間連携
──その困難と課題をめぐって

寺﨑　昌男

1　はじめに──三つの困難

　立教学院の英語教育を、見通しのよい一貫したものとして構築することはできないだろうか。現場となる各学校・大学が、トップダウンによる画一化を避けつつ、しかも目標を共有しながら、英語教育の改善に力を合わせることはできないか。本書の基盤になった共同研究は、編者による「はしがき」に述べられているように、このような願いにもとづいて、11年前の2003年に、小学校、2校の中・高等学校、大学の各校から1人ずつ、2005年から2人ずつ参加した英語教員によって、始められました。

　しかし振り返ってみると、三つの願いにはそれぞれ困難がありました。

　第一に、「立教学院」という複合的な組織の中で、英語教育がどのように進められているかを「互いに知る」ことは、やさしいようで実は難しい、ということです。加えて「いったい何のために知る必要があるのか」という疑問も付きまといます(情報共有の困難)。

　第二に、そもそも何のために英語教育を行うのかという共通目標を設定するのも難しいことです。もちろん英語教育目標の設定は、各校でおのおのなされています。しかしそれを超えて小学校から大学までの共通目標を設定することは極めて難しい。互いに励まし合わない限り「苦しい話し合いなどは抜きにして、それぞれの学校で英語教育を充実させることに専念したほうがよい」という気になります(目標意識確認の困難)。

　この第二の困難については、私どもは、克服の努力を絶えず続けてき

ました。2年前には共著『英語の一貫教育に向けて』(立教学院英語教育研究会編、2012年、東信堂、以下、『一貫教育に向けて』と記す) を出版しましたが、その中で学院の英語教育の目標を「発信型の英語力」「コミュニケーション能力」「異文化理解と対応」という三つの能力目標の育成にまとめたことを報告しました。

次には英語学習意欲の啓培という課題に取り組み、さらに近年では、「ヨーロッパ言語共通参照枠」(CEFR) の検討を行ってきました。学校による教育相手 (児童・生徒・学生) の年齢や発達段階は違っても、グループメンバーの共通教養や関心を絶えず確かめ向上して行くことが大切だと考えたからです。

第三に、ナショナルレベルにおける教育政策の中に「英語教育」はどのように位置づけられているか、それをどう判断するかという問題があります (教育政策と英語教育との関係という課題)。

学園の中から見ている限り、日本の英語教育はかつてなく重視されているように見えます。しかし政策決定の場から発信される情報を吟味すると、いまのところ説得力ある出発・改善の指針があるわけではないように思われます。ただしスローガンだけははっきりしていて、周知のように「グローバリゼーション」という言葉に要約されています。この言葉は今、英語教育に限らずあらゆる教育改革のキーワードとして発信されていますが、その質・内容をどのように考えるかとなると、ほとんど意味ある一致点を見いだせないというのが正確なところだと思われます。

2　情報共有の困難と目標意識確認の困難について

はじめの二つの「困難」を、立教学院の枠組みにとどまらず広く日本の大学と学校一般の事情を頭において、考えてみましょう。

先ず「情報共有の困難」は、どこから来るのでしょうか。基本的には「教師の側にその必要がない」ということに尽きると見られます。英語

学力の評価を焦点に、一般の国・公・私立学校を例にし、学校間選抜試験の有無との関係から考えてみましょう。

主として都市部の話になりますが、幼稚園・保育園と国立・私立の小学校との間には、選抜試験があります。しかし5歳以下の幼児には少数例外の幼稚園等を除いて英語学習の機会は予定されていませんから、少なくとも当面、選抜試験の評価対象に英語学力は登場しません。

公立小学校と公立中学校という二つの義務教育機関の間にも（六年制中等教育学校を除いて）選抜試験はありません。従って今のところ、公立中学校の側から見れば、卒業生を送ってくれる小学校の英語教育に関する情報は不可欠なものにはならないでしょうか。もちろん「総合的な学習の時間」の「外国語活動」は既に必修となり全国の公立小学校で展開されていますが、公立小・中の間には選抜試験そのものが不在なのですから、評価という点では問題にならないでしょう。つまり中学校側にとっては、小学校の「外国語活動」の内容やレベルは、「知っておいてもいい情報」にとどまるでしょう。

これに対して、小学校と六年制中等学校や国立大学法人附属の国立中学校や進学有名私立中学校との間には選抜試験が登場します。小学校英語が5、6年生で教科化され「学習活動」が3、4年生にまで下りてきて、その両者が必修化されると、英語力はもちろん評価の対象になるでしょう。そうなれば中学校側は、小学校の英語教育の実態についての情報を欲しいと思うようになるかもしれません。もちろん先述のように小学校の「外国語活動」は現在すでに必修化されていますから、中学校の側からすれば、1年生の英語学習開始の前提として、その「外国語活動」の実態はどのようになっているか、新入生の実際のレベルはどうなっているかなどを知ることは、不必要とは言えません。

しかしそこで登場するのが選抜試験です。中学校の側からすれば、答えはテスト成績で出ている、ということになります。たとえ数年後に制度・状況が変化したとしても、英語についてだけ情報交換が始まるとい

う保証はありません。実態の面でも、「情報交換なしには中学校英語教育が始められない」というわけではないと思われます。

このように見ると、英語教育情報の共有がまず必要なのは中学校と高等学校との間である、ということになります。ところが両者の間には、国・公・私立の中学校から国・私立中高一貫校の中の高等学校課程に進学するという通路があるものの、その多くは、厳しい選抜入試を潜るルートです。また公立の中学校と高等学校の間にも学力検定という名のテストがあります。

この二つのケースにおいて、高等学校側が中学校側の英語教育情報を知りたいと切望するかと言えば、そんなことはありません。両者の間には入学試験や学力評価テストが介在していますので、当面、情報共有は不必要なのです。中学校側はテストの問題傾向やレベルを意識して英語教育を行えば済みますし、高校側にも、中学校英語教育の到達点はどこまでか、使用教科書や問題集の特徴は何かといった情報を確かめる必要はほとんど生まれません。入試の英語部分がそれを判定してくれているからです。

始めにもどって立教学院を見てみましょう。

先に見たようにこの学園は、小学校1校と中・高等学校2校、そして大学1校、大学院1校を持っています。そのステージの上で協働して英語教育の改革やカリキュラムの開発に当たって行くには、小学校と2校の中高等学校の中学校部分との間、その2中高等学校相互の間、最後に2高等学校と大学の間、という複雑な情報共有サイクルが必要になります。かつて『一貫教育に向けて』を刊行することができ、今日また本書の刊行が目前に迫るところまで来たのは、ほころびを含みながらも、ともかく英語科における「一貫連携ワーキンググループ」が作られ、地味な交流を続けてきたからでした。

他方、立教学院には、小・中・高間の入学試験はありません。従って、先に公立諸学校について見たような情報交流へのハンディキャップは、

そもそも少ないと言えます。しかし何もしないでおけば、各学校が自己完結的に閉じこもることも可能です。11年間にわたるワーキンググループ活動の目標は、そうした閉じこもりを溶かすことでした。

　もっとも、これまでに実行できた成果が多いわけではありません。小学校と2中学校間の相互報告・協議の会合を定期的に開くようになったこと、「ワーキンググループ」のミーティングを月1回で開催して理論面の研究を続けてきたこと、さらに年1回の外部講師招待の定例研修会を開いて、立教女学院高等学校や香蘭女学校、聖ステパノ学園等の関連校の英語担当者の先生方にも呼びかけ、共に学び交誼を深めてきたこと等に限られています。しかし付属校や付設校、あるいは系列校といった諸学校を持つ四年制大学や短期大学は、情報交流の必要性を感じつつも、どこから手を付ければよいか迷っておられるかもしれません。立教が上記のようなことを始められたのは、「一貫連携」という旗印のもとに、やはり地味な共同研究と話し合いを続けてきたからのことでした。

　さて一般の学校の例に戻りましょう。最後に残ったのが高校・大学間の情報共有のチャンスをどう作るか、という問題です。これは実は極めて複雑な舞台の上で達成されなければならない課題です。

　高校と大学の間では、高校・大学間の連絡関係は、周知のように近年大きく変わってきました。推薦制度やAO入試の普及が進み、私立大学の場合、入学者の40％がこの二つのルートを使ったものだと言われます。大学がこの類型の進学者を迎える場合、高校での英語教育（の成果）をどのように大学での学習につなげるかは、大学で英語教育を開始するに当たって極めて重要な情報になるはずです。しかしこの点について、高校・大学間の交流は、まだ将来の課題に属しています。

　理由はさまざまですが、大学の側からすれば、多数の高等学校から分散して入ってくる生徒たちに連絡を取るのは、そもそも煩雑すぎる作業です。加えて高校の内側を見ると、推薦やAOなどのルートでひと足先きに大学進学が内定している生徒の情報を、当該学校内では非公開にし

ている場合が少なくありません。「一般入試」を控えている、内定者以外の同級生たちの動揺を避けるためです。このような事情から、たとえば仮に大学側が大学での英語教育の事情を伝えたり、入学前講習の機会を作りたいと考えたりしたとしても、その情報を合格内定している生徒たちに伝えることすら容易でない場合があります。高校時代最後の数か月あるいは数週間を英語の特別指導や講習に振り向ける、といった高校側自身の努力に期待するのが精いっぱいのところです（立教の高等学校の一部ではその試みが実践され、きわめて有効であることがわかりました）。

　つまり高校・大学の英語教育をつなぐという作業は、立教学院のような総合学園においてすら、外から見えるほどたやすくありません。ましてや全国多数の高校から進学者を迎える大学の場合は、そもそも物理的な隘路に始まり、前述のような問題に当面することが多いのです。従って高校・大学の間に情報交流の機会を創造すること、その前提として交流の必要性を共有すること──「英語教育の連携性を築くこと」と言い換えてもいいかもしれません──は、さらに難しいことになります。

　ところで、大学英語教室の風景と言えば、50人前後のクラスができ、教師が選んだテキストを間にして学生と教師が顔を合わせる、というのがかつては普通でした。しかしこれは今や稀な風景になっていると見られます。ランゲージラボラトリーで始まる授業、映画を併用してのテキスト講読、純粋な討論クラスの編成といった様々な教授形態が生まれてきました。つまり、教員と学生の間の接触を密にして出発する、というのが主な風潮です。

　ところが、「学生たちの英語能力や語彙知識の如何をあらかじめ知っておかなければならない」と考える大学教員はほとんどいません。フランス語やドイツ語・中国語・スペイン語などと違って、英語は「既習言語」であり、少なくとも6年間の学習を経ています。それに続く4年間が始まろうというときに、6年間の既習成果が全く問われないのは、奇異なことであるはずです。しかし、多くの大学英語教員にとって、初年

次生たちの学力水準がどの程度であるかという問題は入学試験の成績に任せ、それとは別にともかく英語教育を開始して行く、というのが、これまで伝統的に、当然のことと思われてきたのです。

例外はもちろんあります。コミュニカティブな英語教育を重視している大学の場合、入学直後に(一般入試経由の入学者も含めて)プレイスメントテストを催す例が増えてきました。クラス編成の準備としてコミュニケーション能力を測定しておくテストです(立教大学でも入学者全員に行っています)。この場合も、大学教員の側に、「そもそもなぜ高等学校英語教育の達成度を測定しておかなければならないのか」という疑問が消えているわけではありません。クラスへの文字通りのプレイスメント(割り付け)の役割は期待しても、テストの成果から何を学ぶかという分析は、なお未着手です。

「中高一貫」「高大連携」といった作業は、今や学校教育改革の国策的なスローガンとなっています。しかし英語に限定しても、実現の条件を作ることは容易でありません。

さらに大きな課題として残っているのが、教育内容面の検討です。

3 「教科毎」という視点を深めることの難しさ

「中高一貫」や「高大連携」等に関連する大きな課題は、そもそもそれらの課題を考察する前提が出来ていないことです。言い換えれば、各教科内容のディテールに及ぶ考察がまだ出来ていないのではないかという問題です。時流に沿って「中高一貫」や「高大連携」を説くのはたやすいことですが、高校から大学へ進学する生徒たちの具体的な学習発達に即し、かつ全教科に踏み込んで考えると、実は極めて難しい問題が伏在しています。

例えば数学について見ましょう。

高等学校までの「数学」の程度・内容と大学における「数学」の内容・

第1章　英語教育の課題と社会状況　25

程度とが別物に等しいほどの差異を持つことは、大学で数学を学習した経験者なら誰でも知っています。高校までの数学に含まれなかった現代数学の諸概念や方法の活用、さらに「美しい解を求める」といった美的見地も含む解答探求のプロセスなどは、高校までの数学学習（「受験数学」とも呼ばれる）と比べると、無縁にひとしいほど異なっています。

　この場合、高校までの学習と大学の学習とを本格的に「繋ぐ」には、どう考えたらいいでしょうか。一言で言えば、シーケンス（順次性）を保証するのではなく、ジャンプ（飛躍）に備えさせることが何より大事になってくると思われます。それと類似のことは、数学だけでなく物理学をはじめ自然諸科学一般についても大なり小なり当てはまるでしょう。

　それだけでなく、人文・社会諸科学についても、実は同じように、ある段階で「飛躍」を求めなければなりません。歴史学、地理学、国語国文学といった（高校で入門期分は一応既習ということになっている）人文諸学や「公民科」で入門的に学習した政治学や経済学と、大学でのそれらの専門学との間にも、踏み込んでゆけば大きな距離があります。そのことをわからせること——たとえば正解を複数持つ問題や「答えのない問題」もある、といった亀裂に気付かせること——がいかに難しいかは、多くの大学教員が身に染みて知っていることです。いや、その亀裂を飛び越えさせることこそが大学教育の任務だと言えます。この場合も、高校での学習内容と大学でのそれは決して平板な「地続き」ではありません。求められるのも単純な連続的学習ではありません。

　英語の場合はどうでしょうか。門外漢であることを恐れずに想像すると、高・大の連結部分のありようを具体的に考察する作業はまだ残されているように思われます。

　高校までの学生たちの英語学習の基本型は、長い間「受験英語」と言われてきたものでした。英文解釈、英作文、その基礎をなす英文法理解、また特に近年では長文読解というように呼ばれる、要約力、思考力などの諸能力の育成も必要とされます。加えて最近ではセンターテストが示

すようにヒアリング能力が試される場合もあり、その訓練も加わりました。

　上に挙げたような諸能力の学習には、英文の文学(史)的理解や鑑賞力、作家研究の方法などを学び取ることは含まれていません。与えられた英文を、その範囲の中で「こなす」ことだけが求められます。もちろん一部ではこうした学習のやり方に工夫を加え、英文読解に教養的理解をプラスして行く試みもありますが、それは例外に属すると言えるでしょう(斎藤雅久『教養の場としての英文読解』、游学社、2012)。英作文の勉強も、そのほとんどは「日本語で与えられた文章を正確な英文で表現すること」だけで、考えたことを自分の英語で綴ることではありません。「作文」という科目名称に適合しているかどうかさえ心もとないのです。

　このようなドリルを経た生徒たちが大学に進学したとき、彼または彼女の前に現れる英語学習のほとんどは、逆のものになります。英文学あるいは英語学の研究経歴を持った、しかし英語教育の訓練や研修を受けた経験のほとんどない大学教員たちから与えられる、文学史的には一定の評価を持つテキストの、鑑賞を伴う読解作業――それが二昔ほど前までの大学英語学習でした。高校での学習と大学でのそれとをつなぐステップも、多くの場合用意されませんでした。使用されるテキストも、今では歴史論文や政治・経済論文など社会科学的内容のものであることもありますし、また環境問題・国際政治問題等の現代的テーマを扱ったテキストも使われます。しかしそれはまだ例外に近く、大半の大学で、新入生たちは、文学テキストあるいは歴史評論、文明評論のテキストを使った、ときには鑑賞を伴う読解作業へ、いきなり転轍させられます。

　また現在は、ときに異なる関係になることもあります。すなわち高校までの英語教育が、英語を使っての授業を強く求められていることもあって、ともかく「コミュニカティブ」なものになり、それに比べて模擬試験や入学試験が伝統的な読み書き文法中心のものにとどまる場合がある、というギャップです(以上記した風景のうち特に大学との間の関係を、筆

者は、「高校までの英語教育（学習）と大学でのそれとの逆接的関係」として描いたことがあります。「高校までの学習・教育と大学における学習・教育—その「逆接」と「補接」—」、市川博編『教育課程の構成・基準の改革に関する総合的研究』最終報告書、2003年3月刊）。

　ただし上記の判断は10年以上前の観察によるもので、現在では、特に大学の英語教育が大幅にコミュニカティブなものになり、センター試験の英語出題問題の革新にも著しいものがあります。加えて、本研究会で鳥飼教授からしばしば紹介された、「実際に出題される大学入試英語問題は大幅に改善されているのに、受験生と高校現場の入試英語問題観が変わらないのは不思議である。予備校が課す模擬試験問題の傾向に影響されているのではないか」という観測にも、大いに関心を惹かれます。さらに、以上の記述に使った「受験英語」という言葉についても、江利川春雄教授によって歴史的実証的な吟味が行われ（例えば江利川『日本人は英語をどう学んできたか』、2008年、研究社）、今後は議論の水準も大きく変わって来るでしょう。こういうわけで、英語教育に関する前記のイマジネーションは、実態にすべて妥当するというわけではありません。

　しかし、英語以外の教科にも踏み込んで考え、高校教育と大学教育とをきめ細かに「繋ぐ」作業を始める場合には、高校教育と大学の専門学との「繋がれ方」について、学科領域・授業科目間にどれほど大きな違いがあるかを覚悟しなければならないことだけは確かです。

　大学教育の現場から離れたスローガンは、実質的な意味を持ちません。しかしそのことを説得的に主張するためには、大学側の教授者は、一方で学生たちの学力レベルや学習心理を知るとともに、他方では、担当する語学や専門学の内容・構成に関して深い学問論的探求を必要とします。その内容や体系を考慮しながら、先に述べた亀裂をいかに飛び越え、いかに歩むかについて、初学者である学生たちをコーチして行かねばならないのです。

　立教学院の場合、特に「一貫」を求められる教科の担当者たちにとって、

その責務は大きいものになって行きます。ただし、私どもの英語をはじめ、自然科学、キリスト教教育、社会科、国語等で一貫連携教育探求の動きが始まっています。それらが進むとともに新しい問題が浮かび上がり、それがまた小・中・高・大教育の新しいヒントを生み出してくれるでしょう。

4 「グローバリゼーション」とその問題

　さまざまな困難や隘路を前にしながらも「それらは『教育のグローバリゼーション』の要請のもとでは克服しなければならない」という言説が、日本の政界や産業界には溢れています。戦略的起点に据えられているのが英語教育改革です（教育再生実行会議「高等学校と大学教育との接続・大学入学者選抜の在り方について」2013年10月31日、「グローバル化に対応した英語教育改革実施計画」2013年12月13日発表、等）。教育の総体を「グローバリゼーション」に対応するように変化させるにはどうすればよいか。この課題が否定すべくもない大きさで姿を見せている、というのが少なくとも最近の雰囲気です。

　私どもの立場からこの局面に対処するには次のような観点が必要だと考えます。第一は、「グローバリゼーション」という概念そのものを再吟味すること、第二には、その概念が説得力あるものであるとしても、学校現場における実現は英語教育を通じてだけ果たされるものかどうかを考えることです。

　第一の課題にここで全面的に応える余裕はありません。ただし少なくとも理解しておいていいのは、①グローバリゼーションとは基本において経済現象を指す用語であること、他面、②この標語が登場する背景には、情報伝達のスピードの飛躍的発展という否定しがたい事実があること、③それに促迫されながら文化の世界的普遍性や真理発見のルールの世界的共通性が形成されていること、です。③の側面があるために、こ

のスローガンは誰にとっても「他人事」と言えない点を含んでいます。

　①についていえば、グローバリゼーションとはまずもって「市場の世界化」のことにほかなりません。丁寧に言えば「市場経済の世界化」ということになるでしょう。(自由世界社『現代用語の基礎知識』2014年版)。資源・労働力等を含め、生産材の世界規模での流通化に伴って、言語の共通化の必要性が高まり、そこで世界的に普及性の高い英語への注目が高まったとみられるのです。

　その結果生まれたのが、企業経営活動向けの英語とそのテストとに対する注目でした。上記のようなグローバリゼーションのもとでの商業世界の圧倒的な拡大と作業処理の高速化・迅速化とが、英語教育改革、特に英語学習とテスト導入とに対する関心を呼び起こしているのは、不思議ではありません。また、世界に対する「武器」として、グローバルな水準を持つ知識・情報の収集と運用、処理の能力を養っておくことは、決して無用の事ではありません。

　しかしグローバリゼーションに対応する政策原理として「グローバリズム」と言われるイデオロギーがあります。グローバリズムは、一つの足を新自由主義政策においています。その裏には、だれでも知っているように、競争の激化と格差の拡大が生み出され、またそれらに支えられて政策が進行するという構造になっています。

　それらは、時間をかけた高度な教育と緻密な学術研究を求められている大学のミッションに大きく反する動向です。英語教育の改革が、政策的文脈においてこのような路線に乗るということであるならば、その改革は大学教育の本質的な使命に反しています。最終的には、大学人の同意を得ることにも失敗するでしょう。しかし財務運営の効率化や行政業務の簡素化といった要請に支えられて、この政策が弱まることはなく、日本の大学政策のもとでは、国立大学法人化に象徴されるように、むしろいよいよ強まっているのは周知のとおりです。

　次に、「学校教育のグローバル化」と英語教育の関係はどうでしょうか。

仮に学校教育のグローバル化を達成しようとするならば、それに関わるのは決して英語教育だけではありません。むしろ英語以外の各教科の教育内容、さらには学科課程の全体とその構造が決定的な影響を及ぼすでしょう。

　海外とくに英語を母語とする人々の間で勉強や仕事をした経験を持つ人々が例外なく言うのは、「英語がうまい」「使える」ということだけでは現地の人々から何の尊敬も得ることはできない、ということです。決めるのは話し・書く「内容」だというのです。「内容」とはすなわち小学校以降のあらゆる学校・大学および家庭・社会生活で学習してきた人文的教養と専門学識，さらには芸術的教養等に他なりません。大学レベルで前の2者を養うのは、教養教育課程・専門教育課程の各授業科目・コースの中身です。

　仮に大学の学科課程が、国際性を意識した教養教育・専門教育の上に国際理解や日本理解、さらには異文化理解・コミュニケーション等のテーマを重点として総合され、しかも学習にコアが生まれるような構造になっていたら、大学教育の「グローバリゼーション」は、極論すれば英語の力を借りなくとも、それだけで実現するかもしれません。国際基督教大学や立命館APU、国際教養大学等の大学教育国際化の著名な試みは、教室の英語共通語化だけで成り立っているのではありません。学士課程カリキュラムの統合と、正課教育・正課外教育を通じた教育課程の国際化を通じて行われていると見られるのです。授業のほとんど全部を英語で行うという方法は、そうしたカリキュラム構造・内容構成と併行してなされて初めて有効なのだ、ということを認識しておくべきでしょう。

　これに比べて、先に触れたような諸提案では、「対応」するのはもっぱら英語です。「グローバル化に対応した英語教育改革実施計画」に露骨に見られるのはその発想です。

　他方、それによる日本人としてのアイデンティティーの衰退を防ぐた

めでしょうか、「日本人としてのアイデンティティーに関する教育の充実（伝統文化・歴史の重視等）」を行なえと特記されています。しかもその教育の内容は、「東京でのオリンピック、パラリンピックが開催される2020年を一つのターゲットとして、我が国の歴史、伝統文化、国語に関する教育を推進」し、また道徳教育を改訂して「『礼』をはじめ伝統文化に根ざす内容を充実する」というものです。

　仮に「グローバル化」を全面的に肯定する立場に立っても、これらの教育を達成する方法は、上からの「徳目の教え込み」と「調教に等しいマナー・作法のドリル」というおよそ「非グローバル」なものにならざるを得ないと考えるほかありません。正当な方略を欠いた提案です。

　グローバル化というスローガンは、多義的なためにどのようにも利用され、曖昧なためにいかなる概念内包も受け入れ、多肢的な外延を通じてどのような政治的利害にも適合するものとして利用されます。英語教育を焦点にそのスローガンを考える場合、あくまで現場の発想に立ち、しかも学校教育の構造と生徒・学生たちの認識の発達とを視野に入れて考察する必要があるというのが、筆者の当面の結論です。

第2章
一貫教育の構築へ向けた取り組み

〔編者コメント②〕
　第2章では、立教学院における英語一貫連携への試みが、英語ワーキンググループ(WG)の活動を通して具体的に報告されます。英語ワーキンググループが誕生した経緯と11年間の歩み、そこから自然発生的に生まれた小中接続への努力が、小学校からの視点、中学校からの視点とで語られます。さらに、中高接続の実態が池袋の事例、新座の事例と、個別に率直に報告されます。最後の高大連携については、大学から政策的な観点を含めて論じられます。

1　英語教育研究会(ワーキンググループ)のあゆみ
　　　　　　　　　　　　　　　　　　　　　立教小学校　西村正和
2　月例会議、教員研修会、各校授業公開という積み重ね
　　　　　　　　　　　　　　　　　　　　　立教池袋中学校　初瀬川正志
3　小中接続が生む連携というミッション
　　1　小学校教員と中1担当者の意見交換会　　立教小学校　天野英彦
　　2　小中連結会で得たこと　　立教新座中学校・高等学校　土間沙織
　　　　――小学校で得た力を伸ばすには
　　3　小中接続ミーティングを終えて　立教池袋中学校・高等学校　藤本　勉

4　中高接続とその実態
　　1　中高接続はどうなっているか　　立教池袋中学校　初瀬川正志
　　2　中学高校の接続について　　立教新座中学校・高等学校　後藤直之
　　　　――カリキュラムを中心に

5　英語教育への期待　　　　　　　　　立教大学副総長　白石典義
　　――大学の英語教育改革、そして高大連携への試み

1　英語教育研究会(ワーキンググループ)のあゆみ

西村　正和

1　英語教育研究会の始まり

　私が立教小学校に奉職したのが1995年。当時、私立小学校の英語教員研修会に行くと、いつも決まって話題になるのが小中高の連携の「必要性」とその「難しさ」でした。そんな中、1998年に「立教学院一貫連携教育の目標と構想」が公表され、それまでの推薦・入学を中心とした「一貫教育」から、より内容の連携を意図した「一貫連携教育」に、学院が大きく舵を切ります。当時小学校の英語科主任だった私は、それをきっかけに「英語でももっと小学校から大学までの連携を深めることは出来ないだろうか……」と考え始めました。しかしあまりにも大きな課題を前に、どこから手をつけたらいいのかわからず、何も行動を起こせずに月日ばかりが流れていきました。そんなある日のこと、私学の仲間を通して、一貫制英語教育の研究に先鞭をつけていた青山学院が、「小・中・高一貫制英語教育を考える」(1999年11月英語教育センター主催)というシンポジウムを行うことを知ります。そこで、連携へのヒントを求め、たまたま同級生でもあった立教池袋中高の初瀬川正志先生と立教新座中高の後藤直之先生を誘って、3人でその会に参加することにしました。今から考えると、それが立教における英語の一貫連携模索の第一歩だったことになります。私自身が小学校から、初瀬川先生は中学から、後藤先生は高校から立教に通い、大学卒業後に3人がそれぞれの母校に英語教員として赴任し、しかも同じ時期に主任だったことは、偶然とはいえ、連携への模索を始めるにはまたとない好条件でした。それがきっかけで、翌2000年にも青山学院の

研究発表会に有志 (6名) で参加。その後、とにかくまず動き始めようということで、両中高6年制移行のため暫く中断していた英語科連絡会 (各校持ち回りの授業見学と意見交換) を2001年から復活させることになりました。

その2001年4月。期せずして私は学院の教学面を話し合う、教学運営委員会のメンバーに招聘されます。そして教科の一貫連携を扱う第3部会のメンバーとして、急に学院レベルで英語の連携を考える立場になりました。とはいえ、学院関係者をはじめ、各校の教頭・教務主任の先生方が中心のその会においては、なかなか具体的な話し合いをすることが出来ず、英語科連絡会の報告や、「一貫性の英語教育」をテーマにした大学英語教育学会 (JACET) 全国大会 (2002年9月) に参加し、情報を集めるのが精一杯……というのが実情でした。

それから1年。2003年に入って、ようやく物事が動き出します。連携を具体的に進めるには、実際に英語を教えている教員が集まる事が必要であると痛感していた私は、教学運営委員会に属する何人かの大学・学院の先生方や職員・チャプレンの参加を得て「拡大第3部会」を開き、教学運営委員会の下に英語教員を中心としたワーキンググループ (以下WG) を作ることを提案し、承認されます。それを受けて、2003年12月1日。ついに、松平信久学院長、寺﨑昌男学院本部調査役、鳥飼玖美子教授 (大学院異文化コミュニケーション研究科) と各校の英語科主任を中心とした、記念すべき第1回英語WGが開催されたのです。

「各校代表者が月一回集まる事」「その席には必ず学院長が座ること」これらは、青山学院の知見から学ばせていただいたものでした。また、松平学院長が、私が立教大学文学部教育学科在学中のゼミの担当教授でいらしたことも、WGの活動を展開していく上で、大変恵まれました。

2 「何をもって一貫連携とするか？」からスタート

WGを始めるにあたって、私たちが一番考えていたのが、「立教の一

貫教育の中で英語を学ぶ児童・生徒・学生にとって、無理や無駄がないようにしたい！」ということです。特に、小・中高の3人の主任は、自分たちが立教で育った分だけ、その思いが強かったかもしれません。しかし、そんな思いをもちながらも、英語における連携を形にして行くことは、とても困難な作業でした。同じ立教の名前をいただいた学校ではあっても、その教育内容は、それぞれが独自の考えのもとに行われてきたからです。「何をもって一貫連携とするのか？」……。メンバーの中からは「教育理念」「カリキュラム」「指導方法」「評価方法」など色々なアイディアが出されましたが、なかなかまとまりません。

　そんな中、「小中高大16年間の英語教育をすぐにつなげることは難しくても、各校の教員が共に学び、またそれぞれの英語教育に関する相互理解を深めることで、同じ方向をむくことは可能ではないか」という松平学院長の提案を受け、まずは「各校における英語教育の現状把握と教員の研修」を柱に活動を行う事で、最初の方向性が決まったのでした。

　そこから物事は大きく動き始め、2004年6月にはさっそく年1回の、講師の先生を招いての英語教員研修会が実現します。さらに11月には授業研究会(より授業の研究に重きを置き、連絡会から研究会に改名)が行われ、その他にも座談会(教えた側の視点)や卒業生の追跡調査(教わった側の視点)などが次々と提案され、実行に移されていきました。

　2005年度に入ると、WGの働きをより組織的なものにするために、人数を各校2名(任期2年)に拡大しました。当初は参加が義務的になり、月1回の頻度が負担になることも心配されましたが、幸いその懸念はなく、より多くの参加者を得てWGの力を何倍にもしてくれました。議事録の回覧や研修会講演録の刊行を行うようになったのも、この年です。

　またこの年は、各校の独自性を生かしながら連携を一歩進めるため、「発信型の英語力」「コミュニケーション能力」「異文化理解と対応」の3つを各校共通の英語のゴールとして定めた年でもあります。これは、5月のWGで「立教の英語」について鳥飼玖美子先生が話してくださった中

からキーワードを抽出したもので、自分たちの目指す方向性を言葉で共有できるようになったことは、その後のWGにとって、大きな一歩となりました。その後も「現状把握と教員研修」をテーマに、ダイジェストで授業を紹介する「マイクロティーチング」、小6と中1担当者が情報交換をする「接続ミーティング」など、様々な試みが行われました。ある意味で、よかれと思うことは何でもやってみた、というのが本当のところかも知れません。中でも、この10年間、途切れることなく続けて来た6月の研修会は、その時々に講師の選考に苦労はありましたが、その甲斐あって自分たちの指導を見直し技術や理論を学ぶ貴重な機会となりました。また、11月の授業研究会は、実際に授業を見合い意見交換をすることで、相互理解を深めることができました。そのどちらもWGメンバーに限らず、広く学院内の英語教員を対象に行ってきたことは、WGの働きを発信していく上でも、大事なポイントとなりました。

　2007年度には、各校の英語科専任教員の数に応じてWGの人数を決めることになり、新座からは3名が参加。同時に大学からも不定期ながらも英語研究室からの参加を得て、よりオール立教で英語を考える形に近づくことが出来ました。しかしその一方で、人数の増加は個々の発言の機会を制限することにもつながり、2008年度には、その打開策として、WGの中に①研究プロジェクトチーム（以下PT）、②研修会PT、③イベントPTという3つのPTを設ける試みも行われました。

3　研究を主体とした活動へ

　2009年度。WGの活動も6年目に入り、メンバーの中から、話し合いばかりでなく具体的な提案を含んだセカンドステージに上がる時期ではないかという意見が出され、議論されました。しかし、この6年で現状把握は進んだものの、小・中高が大学の付属ではなく独自の存在であることには変わりはなく、カリキュラムや指導法、評価法などの連動は

容易には進みません。そこで、結果として私たちが選んだのは、より研究的な活動に移行していくことでした。最初に選んだテーマは、小学生から大学生まで、どの年代にとっても大切な「学習意欲の喚起」です。「日本」「男子校」「受験がない」という独自の環境において、英語を学ぶ意欲をどう引き出していくか……。ドルニェイの『動機づけを高める英語指導ストラテジー35』(大修館書店)をテキストに文献購読とディスカッションを行い、それに関連させて研修会や授業公開を行ったり、3月には学習意欲につながる各校の実践を紹介する"Share and Talk"を、拡大WGとして行いました。

　2010年。こうしてコツコツと積み上げた研究活動は、寺﨑先生の提案で、本としてまとめられることになり、8年間の研修会記録とWGの活動内容が『英語の一貫教育へ向けて』(東信堂2012年3月)として刊行されました。WGで本を出すことなど、小・中高の教員だけだったら到底思いもよらぬことでしたが、寺﨑先生のご提案によって出版に至ったことは、これまでのWGの成果を形にすると同時に、自分たちのやってきたこと、学んできたことを振り返る貴重な機会ともなりました。

　これまでの学習意欲の研究や出版を通して私たちが改めて認識したことは、学校で教えられることには限界があり、生徒自身が「話せるようになりたい」「英語を生かした仕事に就きたい」といった内発的な動機をもつこと、そしてそれを引き出し、育む教育環境の大切さです。

　立教学院は「テーマを持って真理を探究する力」「共に生きる力」という教育理念を掲げていますが、我々英語WGもその理念のもと、テストだけでは測れない、立教ならではの英語教育を目指し、自分のテーマをもった自律的な学習者を育てていきたいと思っています。そして将来、立教を巣立っていった卒業生達が、自分のテーマを深め、その専門性や知見を生かして世界に貢献していってくれたなら、こんなに嬉しいことはありません。

　出版によって学習意欲研究に一区切りがついたWGでは、2012年度

からは、CEFR（ヨーロッパ言語共通参照枠）をテーマに取り上げ、立教の英語教育における指標作りも念頭においた研究を始めています。CEFRは、今後の日本の英語教育に大きな影響を与えると言われていますが、これからも、「いかに教えるか」(how we teach)ばかりでなく、「人はいかにして学ぶのか」(how we learn)という視点も大切にしながら、立教における英語のよりよい一貫と連携を模索していきたいと思います。

4　おわりに──英語WGを更に前へ

　2003年度から務めてきたWG座長の役割もいよいよ終わり、2012年度からは、初瀬川先生を座長に迎え、新しい体制が動き始めました。本来不器用で、英語教師としてもまだまだ力不足の私が、これまでまがりなりにも座長の大役を務めて来られたのは、一重にこれまで一緒に活動して来てくれた初期メンバー、そして、そこに加わり、立教の一貫連携を進めるという大きな目標に向かって、共に歩んできた仲間がいたからに他なりません。そしてその中で私が出来たことと言えば、とにかくWGを「前」に進めること、議事録や研修録などを「形」にすること、そしていつも「次」を考えることくらいだったように思います。

　また、英語WGがここまで来られた裏には、いつも大学の先生方の存在があったことも、忘れるわけにはいきません。設立の時から私たちを支え、毎回WGに参加し、事前の相談や研修会開催の提案をはじめ、多くの示唆をくださった松平先生。広い見識と人脈を遺憾なく発揮し、議論の整理、研修会の講師や出版の提案などを通して私たちの活動を大きく広げてくださった寺﨑先生。日本の英語教育界の重鎮でありながら、私たちの小さな疑問やつぶやきも受け止めてくださり、広いご経験と深い専門性、気さくなお人柄で私たちを支え、大学とのパイプ役であり続けてくださっている鳥飼先生に、この場を借りて、心よりお礼を申し上げたいと思います。

2　月例会議、教員研修会、各校授業公開という積み重ね

初瀬川正志

1　月1回の月例会議を続ける

　英語ワーキンググループの活動として、一番の基本となるのが毎月1回開かれている月例会議です。この場には、小・中・高・大の各ワーキンググループメンバーが集まり、議題に沿ってそれぞれに係わる事項を確認したり、話し合ったり、学んだりを行います。全員が集まれるのは、仕事が一段落した夜間しかなく、時間は午後6時半から8時半の2時間程度を予定していますが、毎回後半は熱く語り合うことが多く、予定時間をオーバーしての会議となります。

　年に一度ずつ開かれる立教学院英語科教員研修会や授業研究会（立教学院の各校持ち回りでの授業公開）について検討、振り返りを行ったり、記録の整理や出版計画について確認したり、またモチベーション（学習意欲喚起）やCEFR（ヨーロッパ言語共通参照枠）に関する継続研究を行ったりと、多岐にわたりますが、ここでの内容から小学校と中学校の接続に関する会合の実現や、それぞれの学校がカリキュラムを見直し、連携教育の視点を持って授業展開を行ったり等、その影響は大きなものです。

　この会議が長く続いてきた成果はいろいろありますが、情報交換に根ざして、お互いが自校の教育を振り返ることから、ゆるやかではあっても力強い変化が生まれてきました。立教のようにその設立理念が実利追求でなく、リベラル・アーツを基とした教育機関であるからこそ、この変化が大きな意味を持っています。

　また、現場の教員が定期的に会い、意見交換を行うことで、お互いの

意思疎通もスムーズとなり、各校間が顔の見える関係で繋がっていることも、現場の教育に影響しています。無理にお互いを合わせようとしなくとも、各校について知っていることから自然に連携が生まれるのが、いわば立教スタイルです。そこには、互いの自由を尊重し合うことが担保されているからです。

2　立教学院英語科教員研修会の開催

　年1回は、立教学院の英語教育関係者を対象に、英語科教員研修会を開催しています。その年ごとのテーマに沿って講師を招き、学院内の英語科教員や、立教女学院、香蘭女学校、聖ステパノ学園等の関係校にも呼びかけて、興味深い内容の研修を実施します。今までのテーマと講師は、次の通りです(所属と肩書は講演時のもの)。

「英語教育における一貫と連携」(木村松雄　青山学院大学教授)
「立教が目指す英語教育の一貫と連携」(鳥飼玖美子 立教大学教授)
「中高6年間を見通した指導と評価の構造改革」(久保野雅史　筑波大学附属駒場中・高等学校教諭)
「生涯英語のすすめ」(鈴木佑治 慶応大学教授)
「発想の転換のススメ」(北原延晃 港区立赤坂中学校教諭)
「学習意欲の喚起」(秋田喜代美 東京大学教授)
「学習意欲の喚起をどうはかるか」(佐伯胖 青山学院大学教授)
「英語コミュニケーション能力を育てる」(八島智子 関西大学教授)
「「英語能力をどのように評価するのか」――CEFR-Jの策定から見えてきたこと―」(根岸雅史 東京外国語大学教授)
「CEFRから学ぶ英語教育」(和田稔 明海大学名誉教授、元文部省教科調査官)
「英語教育改革と教師の役割」(金谷憲 東京学芸大学名誉教授)

これらの講師選定も、前述の月例ミーティングにおいて決定されます。理論研究のテーマや、実際の英語教育の現場で必要だと考えられるトピックに関して最適な講師を検討し、依頼・事前打合せ・当日の案内や司会・進行・記録・まとめに至るまで、ワーキンググループのメンバーが協力して当たります。たいへんなことも多いのですが、それ以上に実りある研修になるので、今後もぜひ続けていきたいと考えています。

なお、2012年にグループで編集刊行した『英語の一貫教育へ向けて』（立教学院英語教育研究会編、東信堂刊）には、講演のうち7編が収められています。

3　授業研究会——毎年持ち回り公開授業で相互交流

もうひとつ毎年行われているのが、6月開催の授業研究会です。これは、立教学院の各校が持ち回りで、それぞれの学校の英語授業を公開し、お互いに参観し、その後、振り返りの会を持つというものです。

小学校・池袋中高・新座中高・大学と毎年1校ずつが順に授業を公開するのですが、研究授業ではなく通常の授業を1週間にわたって原則全てオープンにします。従って、実際に毎日の授業の中で、どんなことが行われているか、児童・生徒・学生がどのように授業に臨んでいるか、その生の姿をありのままに知ることができます。そして、最終日には参観した教員が集まり、授業者とともに意見交換を行います。

〈これまでの開催記録〉
2001年度　小学校にて授業参観及び話し合いの会
2002年度　池袋中・高にて授業参観及び話し合いの会
2003年度　新座中・高にて授業参観及び話し合いの会
2004年度　小学校と中・高において個別の授業参観を実施
2005年度　小学校を会場に授業参観及び話し合いの連絡会
2006年度　池袋中・高を会場に授業参観及び研究会を実施

2007年度　新座中・高における授業公開及びマイクロティーチングと研究会を実施
2008年度　小学校にて授業公開及び拡大WGとして研究会
2009年度　大学ディスカッションクラス参観及び研究会
2010年度　大学経営学部の授業参観及び研究会
2011年度　池袋中・高にて授業公開及び研究会
2012年度　新座中・高にて授業公開及び池袋にて研究会
2013年度　大学全学共通カリキュラム英語授業参観及び研究会

　ここから得られるフィードバックは、各自の授業実践に即座に取り入れることができ、またこの振り返りから、新たな継続研究のテーマや、検討事項が生まれることもあり、貴重な機会だと言えます。
　立教学院では、英語教育に係わる教員は小学校も含めて全員英語教育の専門家です。それでもワーキンググループからの発言を含めて、日々英語教育について研鑽を重ねています。このワーキンググループからの要望をもとに立教大学大学院の授業に、教職員のための特別聴講制度も設けられ、私も含めて、何人もの教員がここで学ぶ機会を得ました。
　英語教育を単に英語使用のトレーニングととらえずに、児童・生徒・学生の成長に寄与する教育行為として考えるならば、私たちは常に学び、謙虚さを忘れずに、現場に係わるべきでしょう。一般の小学校においても、このような視点を持った英語教育の専門家が配置され、中学校との情報交換を含めて、一人ひとりの子どもたちを育てていけるようになるならば、早期英語教育の成果が表れてくるかもしれません。ただし現状ではこの点が難しいわけですから、全ての小学校における教科化には疑問を持たずにはいられませんが。

3 小中接続が生む連携というミッション

1　小学校教員と中1担当者の意見交換会　　　天野　英彦

　立教学院英語WGには、各校の自由を尊重しつつ、対等な立場で共に同じ高みを目指そうという気運が最初からあります。それは、立ち上げに尽力されたお三方（前座長の西村正和先生、現座長の初瀬川正志先生、そして当時の新座中学英語科主任であった後藤直之先生）が大学時代の同期だからかもしれませんが、いずれにしろ、上位下達で形ありきの連携とはなりません。あくまでも「対話」と「思い」でつながることを目指しています。

　「下から進学してきた子は二極化するね。」「確かに、200点満点で二桁をとる子もいれば、ボーナス点で満点を超える子もいるな。」「総じて小学校卒業生は、温和で屈託が無い『いい子』。だけど、学習に対して甘い。」「小学校時代から、もっと戦略的な学習方略を身に付けさせた方が良いね。」「でも、だからといって、小学校英語科には中学の前倒しをして欲しいとは思わない。小学校では小学生の発達段階にあった英語教育を存分にやって欲しいな。」

　このような会話をもとに、各校が自分たちの授業実践を振り返り、新たな工夫をし、WG（英語教育研究会）でまた情報交換をする、そういう有機的なつながりが立教学院一貫連携英語教育の強みであると思います。

1）どのようなニンジンに向かって走るか

　各校の出口と入口の擦り合わせの作業から見えてきたことは、受験を経験しない学習者の「学習意欲」の問題でした。外部からの入学者に、

英語の筆記試験結果で追いつかれ追い越されるのは、受験を経験していない内部進学者の一部が、学習方略を身につけていない証拠だと言われることもあります。その通りなのだと思います。しかし、果たしてテストスコアをのばすための勉強と学習全般に対する意識とは、イコールでしょうか。

　「これ、テストに出ますか？」と授業中に質問するようなクラスメイトに対して、心の奥底で、「ずいぶん打算的な、つまらない大人のようなこと、よくもぬけぬけと平気で聞けるなあ」と思ってしまう、そういうこともあるのではないでしょうか。誰かが吊るしたニンジンに向かって走るのではなく、自分で自分の前に今とは違う一段階進化した自分像というニンジンをぶら下げた時に、本当のやる気は出るのではないだろうか。だとすると、どうやって、受験という外圧を経験せず進学していく学習者を本気にさせることができるか。それをWGで真剣に考えようではないか、ということになったわけです。

　2009年3月13日に第1回小中接続ミーティングは「新中学1年生現6年生英語科担当者会議」という呼び名で、立教小学校を会場に開かれました。（第2回以降は、WGメンバーではない小6中1担当者がWGに参加し、WG内で行われています。）この第1回ミーティングには、第2世代英語科メンバー（立ち上げ初期の同期3人組を師と仰ぐ団塊ジュニア世代）が集い、「もっと音と文字のリンクを強められないか。鉛筆を持って、英語を勉強する習慣が身につけられないか。英語学習に限ったことではないが、できるようになるまで根気よく取り組む粘り強さを身につけさせるには、何ができるか」といったことについて語り合いました。

2）「楽しい」だけではいけない

　中学校に進学する前に英語嫌いをつくりたくはありません。けれど、「楽しい英語」が、学習者の目には単なるエンターテインメントやレクリエーションと映って、外国語習得に対する考え方の甘さを引き出して

いるかもしれません。この第1回小中接続ミーティングでの話し合いをきっかけとして、小学校英語科は以下のことをより意識することとなりました。

① 低学年から、「音から文字」へのプロセスを大事にしながら phonemic and phonological awareness（話し言葉、音への鋭さ、そして文字と音の規則的関係の気づき）を豊かに育てる。

② 高学年では、英語の音声が文字の干渉を受けることを恐れず、読み書きする学習が美しい音声へのこだわりをかえって強化するように、指導する。

③ 読む力を伸ばす。そのために、子どもたちの一生の宝になるような物語を厳選し、美的感性、想像力、批判的思考力、類推する力、語る力などを伸ばす。

④ 個に対応する。一人ひとりが、それぞれにあった学び方を発揮し、生き生きと自分の力を伸ばすことができる環境を作る。

⑤ ノートに英語をたくさん書く練習をする。そのために、配布プリントは活字体ではなく、より手書きに近いものに統一する。

こうして2013年度現在、「ただ楽しい (fun)」ではなく「学ぶ喜び (joy of learning)」をより意識した授業が展開されています。

例えば6年生では、精読のテキストとして、アーノルド・ローベル作『おてがみ』や『よていひょう』、シェル・シルヴァースタイン作『おおきな木』を取り上げます。宿題は全文をノートに丁寧に、正確に書き写すこと。中には、英語を左のページ、書かなくても良い日本語訳を右のページに書いて、初めて出会った英単語に下線を引き、日本語訳の部分でその単語の意味を探す、などということを自発的に行っている児童もいます。授業では作者本人による朗読の録音を聞いて、音読の練習をします。クラス20名で朗読劇として録音をしたり、クラスメイトの前で自信を持って読める部分を発表しあったりしています。英語の力を伸ばしながら、『がまくんとかえるくん』シリーズでは、実際に友だちに英

語で手紙を書いたり、「友情」についてのお気に入りの聖句を英語で書いたりします。『おおきな木』では「幸せ」について考え、日本語で作文を書きます。

3）ゆっくりとあせらずに学び続けること

　立教小学校で過ごす6年間。それは、キリスト教信仰に基づく愛の教育のもとで過ごす6年間です。神さまを畏れ、神さまを愛し、神さまに愛される子どもになることが、最優先事項です。もちろん基本的な学習習慣や基礎学力の定着は大事です。しかし、勉強は決して人との競争に勝つためではなくて、人の役に立つ働きをするためにするべきだと、私たちは教えます。

　ですから、立教小学校英語科は、「自分自身を受け入れ、友だちを尊重し、共に生きていく心を育む」ことを一番大切な目標としています。英語という他者との関わりに有用な言語の一つを学ぶことで、より多くの人と「いま、ここ」に共にあることを心から幸せに思い、しなやかに他者と関わることができ、すべてに感謝する心を育みたいと願うからです。

　小学校卒業生たちの学業面での活躍を耳にすれば、私たちはホッとします。学業面ではパッとしない子でも、中高生活を楽しんでいるという報告を受けると、嬉しくなります。大学生になってから、小学校に授業のお手伝いとして帰ってくる卒業生たちがいます。「人って、変わるもんだなあ」などと昔の恩師たちにからかわれて、大きくなった体を小さく縮めながら、嬉しそうにしています。

　中学校の前倒しはいけない。それは、焦らずにやろうよ、長い目で育てようよ、ということだと思います。卒業生諸君には、テスト結果で一喜一憂するのではなく、「学ぶ喜び」を失わず、苦しい時も悲しい時も、感謝と賛美の心を忘れず、暗きを照らす世の光として生きていって欲しいと思います。

Live as if you were to die tomorrow. Learn as if you were to live forever.

(M. K. Gandhi)

2　小中連絡会で得たこと――小学校で得た力を伸ばすには　土間　沙織

　立教新座中高での勤務1年目、まだ学校のことさえよく分からなかった2009年4月、一貫連携教育英語ワーキンググループへの参加が決まりました。ただでさえ学院に関して無知なうえ、会議での錚々たる顔ぶれに恐縮してしまい、とにかく他の先生方が話されることを少しでも理解しようと毎月必死でした。そして1年を終える頃、翌年度中1を担当することが決まり、今まではついていくので精いっぱいであったワーキンググループでの活動を、小・中の連携という点において初めて身近に考えることとなりました。

1) 知っていることを「書く」「読む」

　立教小学校出身の生徒たちは、1年生から6年間英語を学んでいます。しかし、他の小学校出身の生徒は英語学習経験が様々であるため、中1の英語の授業は、本校では基本的にはアルファベットからの指導となります。
　当時は立教小学校出身の生徒たちを別クラスにして中間試験までの授業を行っていました。試験範囲となる挨拶や簡単なフレーズ、単語は音声面ですでに身につけている場合がほとんどでしたが、中学ではそれらを書いたり読んだりする時間が増え、音声面に割くことのできる時間は小学校ほど持てずにいるのが現状です。すると、彼らにとって中学初期の授業は書いたり読んだりの練習ばかりで、音声面での新たなインプットはほとんどありません。それではつまらないし、小学校で身に付けた力もそれ以上伸びることはありません。音声面では高いレベルに達している生徒たちですが、同学年には英語を全く初めて学ぶ生徒もおり、立教小学校出身の生徒たちだけを念頭においた授業はできません。彼らの

今まで培ってきた英語力をどうやって中学で伸ばし、強みを生かしていけば良いのかを悩み、考えるようになりました。

2) 小中英語連絡会の実施

　ワーキンググループでは、各校の授業を見学できる機会や、マイクロティーチング等でどのような授業をしているかを知る機会が多くあります。そのため、小学校での授業内容や生徒の様子などに関して大まかなイメージはありました。また、各校の先生方と毎月顔を合わせるため、小学校の先生方に気軽に授業の様子などを聞くことができました。その中で、来年度の指導に備え、より具体的に各学年での指導内容を質問してみると、そういうことであれば池袋中高、新座中高の新中1担当者と立教小学校の先生で、小中連絡会をやってみないかという話になりました。

　当日は小学校の英語教室を会場に、授業で使用するプリントや絵本、コンピュータなどを見せてもらいました。実際に児童たちが学んでいる教室で話を聞き、彼らの制作物や映像を見せてもらうことで、今まで抱いていた漠然としたイメージがより具体的なものになり、また予想以上に高度な授業が行われていることに驚きました。例えば、助動詞 can, may は日常的なフレーズの中で当たり前に使われていたり、中学の教科書ではなかなか見かけない ginger, turnip, mole のような身近な多くの単語は、歌や絵本を通して自然に身についていることが分かりました。「主の祈り」(The Lord's Prayer) は4年生ですでに暗唱していること、それ以外にもたくさんの物語やわらべ歌 (nursery rhymes) をすらすらと言えることを知りました。そして、これらをテストではなく、スピーチやビデオレター、絵本作成といったプロジェクトで定期的に発表させ、すでに定着度も確認されています。

　また、指導方法についても新たに知ることが多くありました。例えば中学校での暗唱指導は、教員やCDの音声とスクリプトなどの文字の両方を用いて行うことが多いのですが、小学校では毎日ひたすら声に出し

て練習させ身に付けるそうです。そうやって訓練された児童たちの英語は、文字の干渉もなく実に見事な発音でした。実際の指導内容、方法を目の当たりにしたことで、立教小学校出身の生徒たちに対して必要以上の遠慮をせずに、彼らをもう少しchallengingな環境で迎えられるのではないか、と感じるようになりました。

　小学校の英語教育は音声が中心ですが、中学ではどうしても文字や文法指導の占める割合が、比較的多くなります。そのため、最初の小、中の橋渡しがうまくいかないと、中学の英語は今まで学んできた英語とは全くの別物、と生徒たちに感じさせてしまい、苦手意識が生まれてしまう可能性があります（もちろん、「中学は小学校とは全く異なる」と感じさせることが、中学の学習、生活において重要な経験となりうる、という側面があることは事実です）。小学校は彼らの今後の英語学習に、中学校は彼らが学んできたことに、それぞれもう少し目を向けていく必要があると強く感じています。

　この連絡会ではゆっくり、ざっくばらんに3校で話ができたため、お互いの現状確認だけにはとどまらず、小学校、中学校でそれぞれこういったことを取り入れていけるのではないか、といった提案やたくさんのヒント、アイディアが生まれました。

3）小中連携で役立つ英語授業活動

　現在中1の英語授業で行われている活動の中で、小学校との連携にうまく役立てることができそうなものを抜粋します。

　①フォニックス指導

　　　中1の最初に音から文字への橋渡しとして行っています。小学校でも英語の音はフォニックスで指導されているため、同じフォニックスの歌などを使うことでつながりを感じられたり、彼らの豊富な語彙力を生かしてそれぞれの発音の様々な実例を提示することができます。

②スピーチ発表

　　自己紹介、他者紹介など、学期ごとを目安に学んだ文法事項を使用してスピーチを書き、発表させます。自己紹介は入学の時点ですらすら言える生徒も多いのですが、それまでに何度も練習してきて単純に暗記となってしまっている場合も見受けられます。中学校では新しく学んだ文法を意識して使ったり、自分で辞書をひいて新たに獲得した語彙を取り入れていくなど、小学校時代に身に付けた自己紹介をベースに、意味をしっかり理解して自由に使える応用力を身につけさせたいと思っています。

③図書館での多読指導

　　やさしい語彙で書かれた読み物(graded readers)を中心に、英語圏の本に触れる経験や、知らない単語も推測して読んでいかれる力の養成を期待して行っています。図書館に連れて行くと、小学校で読んだ本を懐かしそうに持ち出したり、友人同士で内容について楽しそうに話している姿がよく見られます。中学校では、授業で習った文法や単語を使って意味をさらに理解できるようになった、昔よりも読めるようになった、という手ごたえを感じる場として続けていきたい活動の1つです。特に中1の指導をする教員は、これらの本のタイトルやシリーズなどにもっと親しんでおく必要があるのではないか、と感じています。

　橋渡しをスムーズにするために、小学校ではアルファベットや簡単な英単語を含む文字指導、中学校では暗唱だけでなく日頃の授業でも音声で英語を取り入れる機会をそれぞれもう少し増やしていかれるのではないか、という大枠に加え、春休みの宿題を出してみようといった具体的な話も挙がり、次年度の2000年度から早速の実施となりました。

　4月、実際に出会った立教小学校出身の生徒たちは、小学校で受け取った宿題を提出し、堂々とした自己紹介や豊富な語彙力、そして何よ

り分かりやすい英語の発音を自信たっぷりに聞かせてくれました。そして、この力が発揮される場を中学でももっと作っていきたい、受け入れる準備をより万全なものにしたい、とより強く感じている日々です。

3　小中接続ミーティングを終えて　　　　　　　　藤本　勉

1) 円滑な連携に向けて

　小中高大の英語教育における一貫連携を図る上で、各校間の接続はとても重要なものです。中高間の接続は、新座、池袋共に中高一貫の6年制の学校のため、それぞれの学校の中で比較的スムーズに引き継ぎが可能ですが、それ以外の接続に関してはなかなか意見交換の機会がなく、特に小中間の接続に関してはあまり話題にもなりませんでした。しかしながら、一貫連携のまさにスタートである小学校と、その小学校で6年間英語を学んだ児童たちを受け入れる中学校が連絡を密に取らずに、一貫連携などうまくいくはずがない、ということで小中間の接続に関して、ワーキンググループ内で意見交換が行われました。今回は、その中で話題になったこと、私自身が感じたことなどを、池袋中学校・高等学校の視点で述べさせてもらいたいと思います。以下、校名は「池袋」と表記します。

2) 受け入れた生徒をより輝かせるために──週7時間の英語授業

　まずは、池袋の英語の授業についてお話します。1年生から3年生まで(実は高校も含めて全学年ですが)週7時間の授業があります。7時間の内の3時間は英語と呼ばれる授業で、主に検定教科書を使用して総合的な学習を行います。そして2時間はPracticumと呼ばれる授業で、listening、grammar、vocabularyなど、インプット（input　入力）を中心に実践練習を行います。あとの残りの2時間はCommunicationと呼ばれ、アウトプット（output　産出、発信）に重点を置き、essay writingやspeechなどを行っています。リスニング、スピーキング、リーディング、ライティン

グのいわゆる4技能をバランス良く伸ばすことを念頭に、授業を展開しています。また、全ての授業が1クラスを半分に分けたハーフクラス（18名程度）で実施されています。

　このような環境に小学校から進学してくる生徒を受け入れるわけです。もちろん、中学校から立教に入学してくる生徒もおりますので、様々なバックグラウンドを持った生徒たちが集まることになります。6年間英語を学んできた生徒と、小学校高学年になって週1回英語で歌を歌ったり、ゲームをして遊んだりしたことのある生徒、そして、生まれて初めて英語に触れる生徒が混在することになります。このような状況の中で、中学校で英語学習のスタートをどこに置くかが問われますが、池袋では習熟度別クラス編成は行っていません。よって必然的に全員がゼロからのスタート、つまりアルファベットからの導入となります。入学前の春休み、特別に課題を課すこともしていませんが、中学から入学してくる生徒に対してだけ、アルファベットは書けるように練習しておくと良い、という程度のことだけは伝えています。こうして4月から英語学習がスタートします。

　このような状況を聞かれると、すでに文字導入も終わっている小学校から進学した生徒たちにとっては、退屈な授業からスタートするような印象がありますが、実際に彼らの様子を見ていると、そのような雰囲気は感じられません。むしろ、余裕綽々でお任せください、と言わんばかりに『ペンマンシップ』を仕上げていきます。立教小学校で本格的に文字導入がされるのは4年生からと聞いています。それこそアルファベットは1年生のときに習っているわけですが、他の小学校から入学してきた生徒たちと一緒に、改めてアルファベットを読み書きすることは多少の優越感とともに、ある意味で新鮮さのようなものを感じているようにも思えます。彼らの存在が、他の生徒たちの意欲を高めることにも繋がり、教員からすると小学校からの進学者は授業を活性化させてくれるありがたい存在です。

このように入学時点でアドバンテージを持った小学校からの進学者ですが、私が感じている彼らの特筆すべき点は、音声面に関する能力の高さにあると思います。発音の明瞭さ、リスニングの力は、他校からの進学者が簡単に追いつけるものではないと感じています。やはり小学校1年生からETM (Education Through Music) などを通じて学び積み上げてきた賜物ではないでしょうか (ETMについては第3章4を参照)。楽しみながら、自然と身に付いている、小学校の授業のすばらしさを強く感じます。この意見交換の場が設けられる以前から、小学校がどのような英語教育を行っているかは大体のところは知っていました。しかし、漠然としか知らなかったことも事実で、この機会がより深く、小学校の英語教育を知る貴重な場となりました。正直なところ私自身、送られてきた生徒たちを見ていると、音声面に関する能力に優れている、ネイティブ・スピーカーの教員に対しても全く物怖じしない、積極的に発言するなど、良い点ばかりしか思いつきません。そのため小学校の英語教育に対して何の疑問も無く、お任せしていれば間違いないという思いしかありませんでした。そしてその思いは、この機会を経ても変わることなく、さらに強くなったと言っても過言ではありません。

　以前に小学校の先生から、「小学校に要望はありませんか?」と問われたことがありました。小学校から入学してきた生徒たちは、入学してから1学期までは先ほど述べたとおりの利点を活かし、成績も心配ないのですが、2学期以降、なぜか成績が下降し始める生徒が出てきます。他校からの進学者にそれに該当する生徒は少なく、小学校からの進学者に多いことが顕著なため、その状況を危惧されての質問だったように思います。しかしながら、その原因は小学校の授業内容によるものではないと考えます。小学校は独自に考えられたカリキュラムの下、実践的な英語力の向上を目指したきめ細かい指導がされており、中には中学生レベルのようなアクティビティー (活動) にも取り組んでいます。話を伺う限り、小学生は意欲的に取り組み、成果をあげているように思います。

では、なぜこのような問題が生じてしまうのでしょうか？　それについて私自身の見解は、中学校は小学校の頃のようには楽しく学べなくなるからだということです。コミュニケーションの為には単語や文法を学ぶことは重要なことで決して疎かにはできません。しかしながら、そのためにやらねばならないことが圧倒的に増えるのも事実です。もちろん言語習得は簡単なことではありませんし、苦労するのは当然のことで楽しいことばかりではありません。しかし、単語、文法を覚えるなど書くことが増える、提出物が増える、中間・期末テストがある、そして何をするにしても点数が出て、評価が示される。このような環境下では、高い点数、良い成績を収めること、失敗しないことに終始することになり、小学校の頃のように伸び伸びと学ぶというわけにはいかなくなるわけです。

　先にお話ししたとおり、我々もできるだけ実践的な英語力の向上を目指しバランスの良い指導を考えて日々模索していますが、全てをカバーできていないのが現状です。現存のシステムを変えることは容易ではありませんが、伸び伸びと学ぶ良さを活かしながら、更に一歩、超えなくてはいけないレベルに向かってゆく必要があると思います。光り輝く賜物を授かって進学してくる生徒たちを、より輝かせるのが我々中学校の責務です。今回のミーティングを通じて、最も痛切に感じたことは、やるべきことはまだまだたくさん残っているということです。

　具体的な課題として1つ挙げるとするならば、このミーティングには各校からごくわずかな教員しか参加していないということではないでしょうか。さらに言えば、偶然その年に中学1年生の授業を担当している教員がそれぞれの学校の現状を説明し、それをWGのメンバー内で共有しているだけなのかもしれません。もちろんWGの議事録などは英語科担当の他の教員にも配布していますから、内容について知らせることはできますが、一方通行のためそれぞれがどんな思いを持っているのかは把握できません。

　この英語ミーティングをより有意義なものとするためには、より多く

の各校スタッフがこのミーティングに参加することが必要だと考えます。いつ誰が中学校1年を担当するかはわかりません。すでに経験した教員、未経験の教員、さらには違った立場の教員らがより多く集まり、しっかりと各校の現状を把握し、その上で各校の英語教育をより充実させるために必要な意見交換を活発に行なうことが、このミーティングの主旨だと思います。幸いなことに毎月のWGの会議も、この小中接続ミーティングも、いつでも門は開かれていますので、よりこのミーティングを有益な場とするために、多くのスタッフに参加してもらいたいと思います。

「付属校」なるものは、下の学校が上にある学校を気にしがちです。例えば、我々、中高の教員からすると大学の存在はどうしても気になります。そして上から下にものを言う、または言いやすい傾向にあると思います。先の小学校の先生からの質問もやはりそれに当てはまるものだと思います。しかしながら、今回の意見交換を通じ、実際には「我々が何をすべきですか？」と質問したいという思いに駆られたことは事実で、本当により良い連携を目指すのであれば、対等な立場で、より緊密に連絡をとりあうことが必要不可欠だと思いますし、今後もこのような場を定期的に持ちたいと考えています。

より良い英語教育の一貫連携のためには、1つのカリキュラムを共有し、トップダウン的にその下で授業を展開すれば、より簡単に実現できるのかも知れませんが、それが本質的な一貫連携になるかどうかは疑問です。立教の一貫連携の面白さは敢えてそれをやらず、小学校、新座、池袋の各校が独自のスタイルで、共有しているゴールを目指している点ではないでしょうか。今回のミーティングをはじめ、毎月のワーキンググループのミーティングも、基本に互いを尊重し合っていることが根底にあるからこそ実現できるのだと思いますし、そのおかげで忌憚のない意見が飛び交い、活発な話し合いができるのだと思います。

今後、英語教育の一貫連携をさらに発展させるために、私自身、日々精進したいと思います。

4　中高接続とその実態

1　中高接続はどうなっているか　　　　　　　　　　　初瀬川正志

1) 中高間に壁がない

　立教池袋中学校・高等学校（以下「池袋」と表記）の場合、中学校と高等学校間の接続はほとんど問題になりません。もちろん生徒の発達段階に関連して考慮すべき点や、学習内容そのものの高度化に伴う対応等、一般的な問題は発生します。しかしながら、中高間での意思疎通の問題や教育内容に関しては、中学校も高校も同じ学校として存在するので、そこでの問題は生じないのです。

　これは立教池袋高等学校の生い立ちによるものでもあります。2000年以前には、池袋には中学校のみ、新座には高等学校のみという棲み分けが行われており、中学校の卒業生は新座の高校へと進学していました。これが2000年の教学改革で、池袋、新座ともにその地で中高6年制の学校を立ち上げることになったのです。

　従って池袋では、それまでの中学校教育を終えた生徒たちに、継続して高等学校の教育を行っていく形になりました。中学校教育の3年間の上に、高1、高2、高3と1年ずつ積み上げていったのです。ですから、教育内容の継続性や生徒の状況理解に関しても、自然に確保されていきました。

　ほぼ中高完全一貫校である池袋では、高校からの入学者も数名〜10数名ですので、生徒たちにとっても中高の壁はないと言ってもいいでしょう。高校からの入学者もそのような環境の中で、自然と本校カリキュラムに慣れていきます。

2) スタッフも一体

　加えて、英語科の教員も他教科と同様、中高の区別なく授業を担当しています。同じ年度内でも中学校と高校をそれぞれ何クラスずつか持つこともありますし、ある年は中学校を担当し、翌年は高等学校担当ということもあります。経験上、一番ギャップが大きく、教員側の意識改革を必要とするのが、高校3年生を担当した翌年、中学1年生を持つことですが、そのように教員全員が生徒全員を見ている体制ですので、中高ともに同じ学校という意識が働きます。

　これには職員室というハード面の環境も関係します。立教池袋の職員室は中学・高校、専任・講師・管理職とみなが同じ部屋に机を構えます。並び方は学年毎になりますので、毎年席替えが行われ、ここでも中高で固定化しないようになっています。集中型なので、この職員室に隣接して成績処理用コンピューターコーナー、面談コーナー、教務資料室、作業スペース、休憩コーナー、キッチン、洗面所等が配置され、機能的に利用できるようになっています。

3) 6年間を見据えて検討されたカリキュラム

　英語のカリキュラムは、時間配当を決めているだけではありません。どのようなコンセプトのもと、どのような教授法を持って展開していくのかを検討したものが土台となって立てられています。これは2000年の中高一貫校設立に合わせ、その数年前から英語科スタッフが定期的に勉強会を開き、話し合いを重ねて積み上げました。

　その中でも大きな特徴は、特定の考え方や分野に偏らず、バランスの取れた英語教育を目指す、というものです。この考え方はずっと共通認識となっていて、池袋では英語教員各自がかなりの自由度を持って授業に当たりますが、大きな目標は皆が共有していることになります。

　「コミュニケーション、発信型、異文化理解と対応」という立教学院全体での英語教育のゴールを見据えながら、リスニング、スピーキング、

リーディング、ライティングという4分野をバランスよく習得し、少人数教育という環境のもと、自然な英語に触れ、それを身につけてゆくというのが立教池袋の英語教育なのです。これは中学、高校ともに共通した、大きな目標となっています。

2 中学高校の接続について──カリキュラムを中心に　　後藤　直之

1）中・高一貫の英語カリキュラム

立教新座中学校・高等学校（以下「新座」と記す）の視点から、カリキュラムの流れを中心に記してみたいと思います。

中学校3年間の英語カリキュラムの流れ

	中学1年		中学2年		中学3年	
	4月	12月	4月	12月	4月	12月
文法・表現・読解	中学1年の範囲（週3時間）	復習・発展	中学2年の範囲（週4時間）	復習・発展	中学3年の範囲（週5時間）	発展
OC	オーラルコミュニケーション（週2時間）		オーラルコミュニケーション（週1時間）		オーラルコミュニケーション（週1時間）	
行事	暗唱コンテスト		SHOW AND TELL		スピーチコンテスト	

高校3年間の英語カリキュラムの流れ

	高校1年	高校2年	高校3年
読文解法	英語Ⅰ（週3時間）	英語Ⅱ（週3時間）	週5時間の授業に、多岐にわたるプログラムを組み、大学進学にもきめ細かい指導を行う。
OC	オーラルコミュニケーション（週2時間）	オーラルコミュニケーション（週2時間）	選択科目により、個人の興味にあった選択が可能
行事	スピーチコンテスト	スピーチコンテスト	エッセイコンテスト　ディベート

中学校が併設される1、2年前から、当時の教科長を中心に、中学校・高等学校の接続については議論を重ね、上記(59ページ)のようなカリキュラムを作成しました。大きく分けて2つの案がありました。

①：従来通り、中学3年→高校3年で授業を展開し、中学3年間を1つの区切りとするもの。授業時間数が公立よりも若干多いので、中学一年の終わりに中学二年の内容、中学二年の終わりに中学3年の内容、中学三年の終わりに高校の内容に多少踏み込んでいく、という形態を取るもの。

②：6年間を2年間×3、初期・中期・後期(完成期)に分け、初期2年間で文法を含めた英語の基礎を学び、中期2年間で4技能の実践的な内容を学び、後期2年間で実際の場面で使えるようにするというもの。中学の内容、高校の内容という枠組みをせず、生徒の発達段階に対応しつつ、中学生にも仮定法や、過去完了を文法に特化した授業で教えるのではなく、場面の中で使えるようにするというもの。この場合は中学→高校の接続という概念自体がありません。

中高一貫校の先生に話を聞いたり、研修会に参加しながらわかってきたことは、②のやり方はいわゆる「中高一貫校」すなわち高校からの募集をしない、もしくは高校から入る生徒がいたとしても中学出身者とはクラスを分けている学校で行われており、特に大学進学を目指す受験校で多く取り入れられている、ということでした。本校のように中学校出身者約200名に対して、高校から100名程度の募集をし、中学3年修了を1つの切れ目とし、内部進学者も外部入学者もクラスで混在させる学校には余り適さないのではないかと考えました。新座のような中規模校では、数の割合が微妙であるので、メリットは認めつつも、②のカリキュラムを進めていくことは難しいと判断しました。結局、案としては多少先取りしつつ、高校のスタートは高校からの入学生と一緒に行う形態、つまり従来の中学3年＋高校3年という形となりました。

その中で考えていたことは、中学校出身者が高校から受験を経て入学した生徒に負けない英語力を養おうというものでした。それは読解、文

法問題が中心の学力テストで肩を並べるようにするというものではなく、文法は少し劣るが、話させたらネイティブ並（大げさですが）だとか、文法的な間違いは多少あるにしても、流れるようにエッセイが書けるとか、何か1つ英語の中での得意な面を持たせて、不得意な面を補わせようとする考え方でした。中学校3年生では週2時間を教科内選択にし、総合、読解、英作文・会話、基礎の4つの中から選択し、自分の得意な分野を伸ばせるようになっています。ネイティブ・スピーカーの授業も週1・2時間設置しており、英語学習環境としては申し分のないように見えます。教員も高校担当、中学担当という分け方をせず、自分が担任を受け持っている学年をメインとし、中学校や高等学校を週2・3時間受け持ちながら、情報を共有していこうとしていました。

　理想と現実がかみ合わないのは世の常ですが、英語科全員で6年間を見ていこうとする試みには、困難な点がいくつかあります。コミュニケーション英語は4時間あり、当該学年の担任で8クラスを分担して受け持つことになると、そちらがメインになってしまいます。中学校は6クラスで1クラスを2クラスに解体して授業が展開されていますので、計12クラスあり、週4時間で計48時間となります。これを上記の考え方で時間割を組んでいくと担当者が増えていき、その中には講師も含まれますので、統一した教育が難しくなってしまいます。必ず週1回は打合せの時間を持てるように努力はしていますが、中学校・高等学校の行事は別に動き、講師の出勤時間を鑑みると調整が難しい状況にあります。結局、中学校・高等学校で担当者を分けていく（もちろん両方担当する教員もいます）組み方をせざるをえません。

　ハード面を述べてきましたが、重要なのはソフト面です。中学校で英語が嫌いになったら、おそらく高等学校でも不得意なままで終わってしまいます。いかに英語を嫌いにしないで高等学校に送るかは大きな課題です。

　楽しい授業を展開することはそれほど難しいことではありませんが、

「楽しい＝楽(勝)」になってしまうきらいがあります。「厳しい面もありつつ、楽しい」が理想ですが、現実は難しいものです。

　昨年キュラソー(Curacao:Netherlands Antillesの主島)出身の方と知り合いになりましたが、オランダ語は勿論のこと、英語、スペイン語は普通に話し、ドイツ語も少しはわかるとのことでした。そのように言語を習得できるのは環境が大きく左右しています。日本の環境の中だけで1つの外国語を習得するのはかなりの労力を必要とすることは自明の理ですが、その中でも、英語がそれほど得意ではないが、嫌いではない状態で高校に送れたらいいのではと考えています。

　小さい頃から町で英語が溢れているわけではなく、英語を使わないでも一生食べていける環境にあれば、好きでなければ英語を勉強しようとは思わないかもしれません。

　我々に出来ることは、英語を使って世界で活躍しようと思わないまでも、英語は面白いし、将来役に立ちそうだから、とりあえず勉強しよう、という心をまず植え付け、その後、自ら努力を重ねる生徒をつくることです。その為には質の高い授業を展開することが必要です。

　文科省のカリキュラムを無視すれば、先ほどの1)②のようなカリキュラムを組んで、高校受験も大学受験もない環境の中で、中学2年間で必修英語は終わりにして、中学3年から英語を選択にし、学びたい者だけが学び、授業以外にも短期・長期留学を含めて、例えば、可能かどうかわかりませんが、横田基地内の学校と1日交流会を持つとか、英語に接する機会を多く与えれば、意識も英語力も格段に上がるのではないでしょうか。

5 英語教育への期待
——大学の英語教育改革、そして高大連携への試み

白石典義

1 社会からの要請の変化——教員研修会の10年をふりかえって

　立教学院を構成する立教小学校、立教池袋中学校・高等学校、立教新座中学校・高等学校そして立教大学の英語教育に関わる教員が、一貫連携教育の構築に向けた試みとして議論を続けてきた英語科ワーキンググループでの活動のまとめとして第一回の英語科教員研修会を開催したのは、今から10年前の2004年6月でした。研修会はその後も各年度の総括として引き続き開催され、今日に至っています。

　この間の約10年を振り返ると、英語そして英語教育に対する社会からの要請がドラマチックに変化してきました。企業活動のグローバル化に備えて、従業員の大多数が日本人であっても英語を公用語とする日本企業が出現するようになりました。実業界、産業界からは仕事で英語が使える人材の育成を求める意見が声高く語られ、今までの英語教育を変えなければならないという声が政府の審議会等を通じて文部科学省を動かすことになったのです。全国の高等学校を対象に、SELHi（Super English Language High School）が学校英語教育の改革を目指す試みのための競争的資金として2002年から導入されました。

　大学に目を転じると、2002年に文部科学省が『「英語が使える日本人」育成のための戦略構想』をまとめ、翌年からの「現代的教育ニーズ取組支援プログラム（現代GP）」の実施につながっていったのです。さらにその後、大学のグローバル化を推進する視点から、2008年には「国際化拠点整備事業（大学の国際化のためのネットワーク形成推進事業）」（グローバル30）

が、そして2012年には「グローバル人材育成推進事業」が導入されることになりました。前者は海外からの留学生の受入れ促進を主眼として、留学生等に魅力的な大学教育を提供し、留学生と切磋琢磨する環境の中で国際的に活躍できる人材の育成を図るため、海外の学生が日本に留学しやすい環境を提供することを目指しています。一方後者は、日本人学生の海外への送出しを主眼とし、若い世代の「内向き志向」を克服し、国際的な産業競争力の向上や国と国の絆の強化の基盤として、グローバルな舞台に積極的に挑戦し活躍できる人材の育成を図るべく、大学教育のグローバル化を目的とした体制整備の推進を目的としています。

　さらに2014年度からは、高等学校ではSELHiの後継ともいえる「SGH (Super Global High School)」事業が展開されることになり、大学との連携、単位認定を含む高大連携プログラムの提供などが強く求められています。立教新座高等学校はSGHアソシエイト校として指定され、「共に生きる力を備えた国際人の育成」を目標として掲げています。また大学では、2013年度に終了する「グローバル30」事業と継続中の「グローバル人材育成推進事業」を統合して、大学教育の国際標準化を図り、世界ランキングトップ100を目指す大学やグローバル化を牽引する力のある大学を財政的に支援することを目的として「スーパーグローバル大学創成支援」事業が新たに発足しました。具体的な数値目標として、日本全体で2020年に日本人留学生派遣数12万人、外国人留学生受入れ数30万人の達成をあげています。まさに、国をあげての国際化、グローバル化に向けて、日本の中等教育、高等教育の在り方を大きく変えていこうとする動きが始動しつつあると言えるでしょう。

　立教大学では、申請構想「グローバルリベラルアーツ×リーダーシップ教育×自己変革力―世界で際立つ大学への改革―」がタイプB「グローバル牽引型」に採択され、立教学院創立150年を迎える10年

後の 2024 年を目指した構想の実現に向けて新たに出発することになりました。

2　大学での英語改革におけるステップアップ

　立教大学の英語教育改革の第一歩は、1997 年度に開始された全学共通カリキュラムにおける英語教育でした。英文読解を中心としたそれまでの伝統的な授業を一新し、目的を異文化理解と発信型コミュニケーションとし、実施方法として統一カリキュラム、統一テキストによる全学共通スタンダードの英語カリキュラムを採用したのです。英語を担当するすべての教員を対象とした教員研修を FD (Faculty Development) としてきめ細かく実施することにもなりました。

　第二のステップは、2006 年に開設された経営学部の国際経営学科におけるカリキュラムで、上述の現代 GP にも採用された「バイリンガル・ビジネスパーソンの育成を目指す多層的イマージョン教育」です。全学共通スタンダードである全カリ英語カリキュラムで蓄積した経験をベースとしつつ、国際経営学科の個性と専門性を加えた新たな試みでした。国際経営学科では、開講する専門科目の三分の二が英語で展開され、すべての学生が海外留学を体験します。経営学部には、TOEIC の点数が 900 点以上の学生の集まりがあり、毎年約 50 人の学生が新規加入するのですが、その約半数が立教大学に入学するまで海外経験の無かった学生です。

　そして英語改革の第三弾として 2009 年度から実施したのが、立教大学のどの学部に入学しても、同じレベルの同じ内容の英語教育を受けることができる〈全学共通カリキュラム〉の 12 年ぶりの再改革でした。クラスサイズを 8 人としたネイティブ教員による「英語ディスカッション・クラス」を中心として、習熟度に応じてプレゼンテーション力、ライティング力の強化を図るべく 1 年次の必修カリキュラムを改

革するとともに、2年次以降には英語をさらに深く学ぶことができる英語副専攻の制度が設けられました。また、2008年度に設置された異文化コミュニケーション学部では、すべての学生が2年次に海外留学する制度を設けることになったのです。現在、立教大学全体では毎年1,000名を超える学生が海外での留学体験をするようになっています。

3　高大接続の試み──小学校から大学まで一貫連携へ

　立教大学は学院内推薦により池袋高校、新座高校から入学者を受け入れていますので、高校との絆はもともと強いわけですが、高大連携にも力を入れています。まず、立教大学教員が池袋／新座高校に出向いてそれぞれの専門分野についての授業を行う制度があります。また、両校からの生徒が立教大学で展開されている授業を聴講する制度もあり、いずれも大きな成果を上げています。

　それに加えて、小学校から大学までを繋げる一貫連携を追究しているのが英語ワーキンググループです

　英語ワーキンググループの活動実績には10年を超える歴史があります。当初は教員有志による連絡会としての出発でしたが、現在は、学院の一貫連携教育に関する最高意思決定機関である教学常務会に直属する、改革に向けての実行性を持つ組織として位置づけられた「立教学院教育研究フォーラム」の英語部会として活動しています。他の部会には、国語、数学、理科、社会といった各教科とキリスト教教育があります。教学常務会は、学院院長を座長として、小・中高の校長と大学総長をメンバーとして構成され、下部組織として「立教学院教育フォーラム」に加えて、一貫連携指導の運営の実際を議論する「教学運営委員会」を抱えています。

　10年以上に渡る英語ワーキンググループの活動実績そして今後の

活動は三つのステージに分けることができるでしょう。

　第一ステージとしての最初の5年間では、情報交換を中心としながら、小中高が持ち回りで授業を公開する授業研究会を毎年開催し、小中高大の共通目標として「発信型の英語力」「コミュニケーション能力」「異文化理解と対応」という共通目標を定めたことが大きな成果でした。

　第二ステージとしては、理論研究に軸足を移しながら、「学習意欲の喚起」をテーマに各校がカリキュラム改善を進めることになりました。また2012年度からは、「CEFR（ヨーロッパ言語共通参照枠）」について文献を読みながら、言語熟達度をきめ細かく評価する尺度としてのCEFRの有用性について研究を開始しました。

　第三ステージとして位置づけられる今後の「立教学院教育研究フォーラム」の英語部会としての活動の一つの方向性は、小中高大の英語教育の組織的な連携を目に見える形で実践していくことではないでしょうか。

　しかし、それは一貫カリキュラムのような画一的なものである必要はありません。むしろ、各校がそれぞれ校風を生かした独自のカリキュラムを実行しながら、共通の目標に向かって互いが協力して実現できる連携から実践していくということでしょう。たとえば、CEFRを共同して導入することによって英語の一貫連携教育をより改善していく道筋が見えてくるのではないでしょうか。

　小中高は学指導要領の制約があるため大学ほどにカリキュラム編成について裁量権があるわけではありません。しかし、私立学校として建学の精神を共有している立教学院を構成する各校の英語関係者は、共通の目標である「テーマを持って真理を探究する力」を育て、「共に生きる力」を育てる教育を英語の場で実践するために不断に協力しながら、それぞれが特色ある英語カリキュラムを構築していかなければならないのです。

第3章
各校のカリキュラムにみる多様性

〔編者コメント③〕
　第3章では、同一の学校法人でありつつも、多様性に富んだ各校のカリキュラムが提示されます。大学の付属校ではなく、独立した組織としての小中高の各校が、どのような教育理念のもとに教育課程を措定しているのか。具体的なカリキュラムと日々の授業について、現場の教員ならではの切り口で大学―中高―小学校と紹介されます。独立独歩の様相を呈している学院内各校の内実から、学院としての普遍性、一貫連携への可能性が読み取れるでしょうか。

1　立教大学全カリ英語のカリキュラムと能力像　　　　立教大学　森　聰美

2　立教池袋中学校・高等学校の英語教育
　　──少人数と自然な英語
　　　　　　　　　　　　　　　立教池袋中学校・高等学校　初瀬川正志
　　　　コラム1　生徒の可能性を信じて―英語夏期補習と授業実践　藤本　麻奈
　　　　コラム2　先ず隗よりはじめよ―教師自身の外国語学習から　安原　章

3　立教新座中学校・高等学校の英語教育
　　──多様性を受け入れる英語教育活動をめざして
　　　　　　　　　　　　　　　立教新座中学校・高等学校　古平　領二
　　　　コラム3　「表現」する力　　　　　　　　　　　　　　横山　祐子

4　立教小学校の英語教育　　　　　　　　　立教小学校　天野　英彦

1　立教大学全カリ英語のカリキュラムと能力像

森　聡美

1　はじめに ── 全学教養教育の一環としての英語教育

　立教大学における全学の英語教育は、学院一貫連携教育の理念(「発信型の英語教育」、「コミュニケーション能力の育成」、「異文化理解・異文化対応」)を共有し、かつより深化させる、完成型として位置づけられるべきものであろうと思います。しかし一方で、他校からくる多数の学生達が合流するため、共通理念のもとに教育を受けていた内部進学生と、必ずしもそうではない学生の両者を想定したカリキュラムである必要があります。従って、大学ではどのような英語教育を経た学生達でも本学の英語教育に軟着陸できるようカリキュラムが練られています。例えば後述する習熟度別クラス編成や、各科目で丁寧な導入を行う等、高校までの英語と大学における英語との接続が無理のないものになるよう設計されています。このような中で、一貫連携教育を受けてきた学生達には、立教の英語を牽引する役割が期待されていると言えるでしょう。

　それでは、大学のカリキュラムについて詳しく見て行きましょう。立教大学では、「全学共通カリキュラム運営センター(以下「全カリ」)」が言語を含む全学の教養教育を担っています。全カリでは、立教学院の一貫連携英語教育の柱でもある「発信型の英語教育」、「コミュニケーション能力の育成」、そして「異文化理解・異文化対応」を理念とし、英語教育・外国語習得に関する専門的な知識に基づきカリキュラムを立案、実施し、社会状況の変化に柔軟に対応しながら進化し続けてきています。

　2010年度にスタートした現行カリキュラムは、1年次の必修科目と2

年次以降の言語副専攻科目を含む、学部の4年間を通しての段階的なカリキュラムが組まれていることが最大の特徴といえます。まずは基礎固めとなる1年次必修カリキュラム、そして次に発展的な学習の機会を提供する言語副専攻制度についてご紹介します。

2 必修カリキュラム──1年生全員が学ぶ：ステージ1

1年生は、一定以上の高い英語力があると認められる学生達(履修免除者[1])を除き、全員が必修カリキュラムで学びます。全カリ発足以来の制度面での一貫した特徴は、統一カリキュラム、習熟度別クラス編成、そして英語による授業です。統一カリキュラムというのは、授業目的、内容、教材ならびに評価方法等を統一することで、すべての1年生に等質的な英語教育が保障されるようにしています。また、入学直後に行われるプレイスメントテスト[2]の結果により習熟度別(4レベル)にクラスが編成され、それぞれのレベルに適した統一教材ならびに指導案のもと学習をしていきます。そして、英語によるインプットを極力増やしリスニング力をつけるため、授業は原則としてすべて英語で行われています。

2010年度開始の1年次英語必修カリキュラムの最大の特徴は、少人数制を生かした徹底的な発信力ならびにコミュニケーション能力の養成と、eラーニングを活用した受信能力と自律的学習者の育成にあります。

科目構成と各科目のクラスサイズ、年間を通しての履修方法は下の**表1**のようになります。

表1　全カリ英語必修カリキュラム

クラス分けテスト	春学期	秋学期
	英語ディスカッション1　【8名】 ⇨	英語ディスカッション2　【8名】
	英語プレゼンテーション1　【20名】 ⇨	英語プレゼンテーション2　【20名】
	*(上位)英語ライティング　【20名】 ⇨	英語ライティング　【20名】
	(下位)英語eラーニング　【160名】 ⇨	英語eラーニング　【160名】

＊全学生をクラス分けテストの結果を用いて上位と下位に分け、春学期は上位がライティング、下位がeラーニングを履修、秋学期は科目を入れ替えて履修します。

「英語ディスカッション1・2」はインタラクティブな発信力の育成をめざすコースです。ディスカッションに必要なスキルや表現を学んだ上で、多様なテーマについて小グループで意見のやりとりを行う、徹底的な学習者中心の授業です。社会問題や異文化理解に関する、大学生が考えるべき様々なテーマ(教育、環境、人権、コミュニケーション、グローバリゼーション等)を網羅的に扱い、毎週各テーマに沿った英文テキストを自宅学習で読んだ上で話し合いに参加します。学生達は英語を通して多様なトピックならびに多角的な視点に触れ、問題意識を持ち、学生間でやりとりをしながら更に考えを深めていくのと同時に、英語で意見交換をするスキルも身に着けていきます。また、日本語とは異なる、英語でのコミュニケーションスタイルや考え方(例えば反対意見を述べることは議論に貢献することだ、という発想に基づき発言をする等)の体験を通して、異なる考えを主張し聞き合う姿勢を身を持って学習しています。多くの学生達にとっては新鮮な授業形態である上にスピーキング力の向上についての実感が伴う授業で、全体として学習意欲を高める効果があるといえるでしょう。

「英語プレゼンテーション1・2」は、英語によるプレゼンテーション・スキルを学びつつ総合的な英語力を育成することを目的としたクラスです。まずはプレゼンテーションの構成法や視覚資料、ジェスチャー等の効果的な使い方など、基本的なスキルを学んだ上で、そのスキルを応用していくつかのテーマについて本格的な情報収集(英文読解)と調査に基づく発表を行っていきます。扱うテーマは英語ディスカッションで扱うものからいくつか選択することで各テーマについて掘り下げることができるよう工夫しています。

書くことによる発信力の向上を目指す「英語ライティング」では、パラグラフならびに複数のパラグラフから成るエッセイを書く力をつけることを目的としています。学生達の英語力に応じて、論理的に構成された、まとまった内容のパラグラフやエッセイが書けるように指導してい

きます。ライティングの指導においては教員からの丁寧なフィードバックが欠かせませんが、1クラス20名程度ですので指導の目が十分に行き届き、学生達の満足度も高いクラスです。更に、プレゼンテーション、ライティング共に、常に聞き手・読み手を意識した上でわかりやすい情報の提示方法を考える訓練を通して、自身とは異なる文化背景を持つ人々にも効果的に発信していく力を養うこともできるでしょう。

　発信力の教科には受信力の強化が欠かせません。その受信力強化の要となる科目、「英語ｅラーニング」では、全体講義と個別学習を融合させた新しい授業形態で、自習用に開発されたネット教材を利用して学習を進めます。受信能力を伸ばすためには各自のペースで、興味のあるものに取り組むことで効果が上がるのではないか、という考えのもとに導入された科目です。更に、自習教材を授業に取りこむことで、自律的学習のストラテジーを身に着け、習慣化していくことも狙いの一つとなっています。また、伝える内容や伝え方に重きが置かれる上記3つの発信型の授業ではなかなか取り上げることができない、意識的な語彙の学習や文構造の復習等で学生達の英語力を支える機能を果たしています。

　このように、ディスカッションでは双方向的なコミュニケーション能力を鍛え、プレゼンテーションとライティングでは論理的展開を考慮にいれた効果的な発信を口頭ならびに書面で行う力を養います。また、ｅラーニングでは受信力を養いつつ、授業外での学習を継続的にできるような自律的学習者を育て、これら6科目全体で総合的な英語運用能力の習得と異文化対応力の涵養を目指し、2年次以降の発展的な学習の基礎となるべき英語力を築きあげます。

3 言語副専攻制度——更なる英語力アップへ：ステージ2～4

必修科目の履修を終えた学生が更に継続して発展的に英語が学習できるように、言語副専攻科目が用意されています。学生達の英語学習の目的やニーズ（英語圏の大学に正規留学がしたい、国際機関など海外で英語を使う仕事がしたい、英語で教養を深めたい、等）、興味や関心に合わせるべく、また、より一層拡大する英語力の個人差に対応すべく多種多様な科目をそろえ、レベルを設定して提供しています。

全カリ英語の特徴として「4年間を通した段階的なカリキュラム」と前述しましたが、そこでは4つのステージが設定されており、ステージ1が必修科目、ステージ2～4が副専攻科目に当たります（図1参照）。各ステージをこなし、ステップアップしていく仕組みになっており、各段階で指定された単位数を取得すれば修了証が与えられます。また、一定の外部公式スコアを取得すると指定されたステージを超えて履修が可能となるスキップ制度も設けられており、能力が高い学生が更に上をめざすインセンティブとなっています。

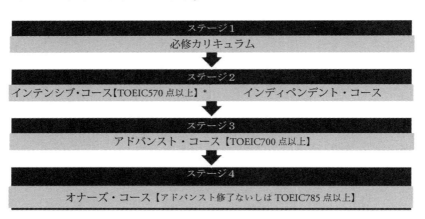

＊基準点はTOEICの他、TOEFL, IELTSでも提示されていますがここでは省略します。

図1　全カリ英語の各ステージと副専攻科目履修の基準点

副専攻内は4つのコースから構成されており、外部公式スコアによる基準点等によりレベル設定がされた3つのコース（インテンシブ・コース、アドバンスト・コース、オナーズ・コース）と、必修が修了していれば誰でも履修できるインディペンデント・コースから成ります。ステージ2にあたるインテンシブ・コースは、総合的な英語コミュニケーション能力の獲得を目指すべく、アカデミック・スキルと並行してグローバル問題や異文化間に起こる問題等に取り組みます。同じくステージ2にはインディペンデント・コースも用意されており、各学生の目的、興味・関心・レベル・ペースに合わせて科目が選択できる自由度の高いコースとなっています。ステージ3にあたるアドバンスト・コースでは、英語圏の大学に留学しても十分対応可能な英語力をつけるため、講義を聞く、論文を書く、発表をする等のアカデミック・スキルを中心に学びます。ステージ4は全カリが提供する英語科目の中で最もレベルが高いオナーズ・コースで、英語圏の大学や大学院で提供されている専門科目と同等の講義科目を展開しています。

　科目の内容で分類すると、英語コミュニケーション科目、アカデミック・スキル科目（プレゼンテーション、ライティング、ディベート等）、時事英語科目、教養としての英語科目（映画を通して学ぶ英語、日本研究、言語と歴史等の各種講義科目等）、キャリア科目、TOEFL/TOEIC科目に分けられます。TOEFL/TOEIC科目は、英語圏への留学を目指す学生たちのサポートとして、また、英語の継続学習のモチベーションを高める仕掛の一つとしての役割を期待して設置しています。また、夏季の海外文化研修、各学部の展開科目で副専攻科目として認定したものも含まれます。

　また、全ステージを通して利用できる教材として、Rikkyo English Online（REO）というネット教材を提供しており、全学生が自律的に学び続けるための環境を整えています。

4　むすび──教養に裏打ちされた高度の英語力を

　以上のように、全カリの英語カリキュラムでは、基礎的なスキルを丁寧におさえつつ、英語を通して教養や専門領域について学べるよう、そして高度な英語力と教養に裏打ちされた異文化対応力が育成されるよう工夫がされています。

　2014年秋に本学が文部科学省スーパーグローバル大学創成支援（グローバル化牽引型）に採択されたことを受け、学内における英語教育はより一層重要な役割を担うことになると考えています。多様な価値観、自分とは異なる考えをもつ人々と理解し合い、共存していくための素養を身につけることは、外国語教育の究極の目的であろうと思います。そのような意味で、今後、発信力、コミュニケーション力、そして異文化対応力を念頭においた英語教育はグローバル化対応の中核となるはずです。

　また、グローバル化を背景に小中高の英語教育が飛躍的な変化を遂げる可能性も高くなってきており、社会人になってからの英語の必要性も益々増してくるでしょう。このような流れを念頭に、今後入学してくる学生達がどのような英語教育を受け、どのような能力を習得済みであるのかという、入口の部分、そして卒業させる学生達にどのような英語力が要求されているのかという、出口の部分についての的確な理解のもと、更にカリキュラムを進化させていくことになるでしょう。

注
1　履修免除・単位認定制度。入学前に一定以上のTOEIC, TOEFL等の外部試験の公式スコアを保持しており、申請をして認められた場合、すべての英語必修科目について履修が免除され、単位が認定される制度。
2　2013年度よりTOEIC-IPを利用。

2 立教池袋中学校・高等学校の英語教育
―― 少人数と自然な英語

初瀬川正志

1 少人数での授業展開で効果をあげる

　立教池袋（立教池袋中学校・高等学校を指す。以下同じ）は、ずっと中学校でしたが、2000年に中高一貫校となりました。それ以来、ホームルームを2分割して英語授業を行ってきました。2013年度1年生より、ホームルーム自体の少人数化が実施され、現状では1クラス36-38人のホームルームとなっています。英語の授業はさらに、それを2分割するので週7時間ある英語授業は、全て18-19人で実施されているのが現状です。

　ハード面での改革として新教室棟が完成し、その3階フロア全体に、少人数対応の英語教室10室を新設しました。全室に電子黒板ActiveBoardとインターネット回線を設置、充実した英語教育を自由に展開できる環境が整いました。

10教室ある
英語専用教室

2 自然な英語にふれる

1) リアルな英語

　立教中学校時代の1990年代より、実際に使われている英語に触れる機会をできるだけ多く設けているのが本校の特徴です。ほんものの英語というと、ネイティブ・スピーカー（母語話者）による授業を思い浮かべる方も多いと思われます。本校でも、1980年代までのLL教室を使用した機材による英語から、実際に英語を母語とするネイティブ・スピーカーの教員を増やす方向にシフトしたのがこの時期でした。更にネイティブ・スピーカーも単にアシスタント的な関わり方や、選択授業だけを担当するにとどまらず、実際に英語カリキュラムをを運営する講師としての関わりが中心なので、現在では常時勤務するネイティブ・スピーカーは6名、このうち1名は専任として課外活動、学校行事、校務分掌等にも関わっています。

**ほぼ毎日勤務の
ネイティブ・
スピーカー**

　しかしながら、実際に使われている英語に触れる機会は、日本人教師の授業においてこそ考慮されるべきなのです。立教池袋の英語の授業では、いわゆる検定教科書も用いるものの、多くはESL/EFL教材と言われる海外で出版された教材を使用しています。つまり、毎日生徒が触れる英語そのものが、自然な英語となるように考えられているのです。

検定教科書自体は文法事項の積み上げ形式で、日本人学習者にとっては親切につくられています。しかしその分、制約が多く、各段階における使用可能な語彙や文法項目が限られてしまいます。その結果として、本来伝えたい内容と教科書の表現に乖離が発生し、場合によっては不自然な英語、人工的な表現が含まれてしまいます。自然な英語をたくさんインプットすることは英語学習にとって必要不可欠である、従ってESL/EFL教材を使用することは大切だと考えているのです。

　1例を挙げると、文法教材として中学1年次より、「マーフィーのケンブリッジ英文法・初級編 (Basic Grammar in Use) を用いて進めている他、リスニング教材としては、"Sounds Good"や"What a World"を使用しています。また中学3年次より、本格的にESL/EFL教材にシフトし、"True Stories Series"、"Whaddaya Say?"、『エッセンシャル英熟語 (Essential Idioms in English)』等で授業を展開しています。

　こういった教材に転換した時点での生徒の感想には、「ふつうの教科書を使っていたときより、内容が面白い」といった声が多く聞かれます。これらの「興味」が英語学習のモチベーションにつながることは想像がつくことでしょう。

2) モチベーションを引き出し上げるために

　一貫連携における英語ワーキンググループでの研究からも、一般的に言われる外的モチベーションより内的モチベーション（あるいは統合的モチベーション）を喚起することが、教育の成果につながります。またこれらの教材がある程度の「手応え」があることも、生徒の学習への取り組みに寄与していると考えられます。

　本校のような一貫校においては、これらのモチベーションの喚起こそが重要なポイントとなるのはまちがいありません。

　本校では、英語の授業は週7時間をいくつかに細分化して行われ、中学校段階においては、教科書を用いる「英語」の授業の他に、インプッ

トを中心にリスニングと文法、語彙に特化したPracticum、アウトプットとしてスピーチやエッセイライティングも取り入れたコミュニケーションの授業に分けられています。

　もちろん教科書以外にも、オリジナル教材による授業展開もなされ、その際も英語圏でのニュースや映画／ドラマを素材とした授業や、多読を中心に英語の書物に触れる内容等、さまざまな工夫がなされています。

　一例を挙げると、CNN Student Newsという配信番組があるので、その1日10分ほどのニュースのダイジェスト版から、さらに一つのトピックを取り上げ、それをリスニング教材として用いる授業があります。時間にして30秒から1分程度のものですが、繰り返し聞くことで内容理解も深まり、更には聞き取る力が強化されるといったものです。特にそのトピックが生徒の身近なものや、興味をひく内容、まさに今起こっている事柄等の場合には、そこからモチベーションを高めることにもつながっています。

受け継がれる伝統
――高3自由選択ドイツ語

　第十四回全国高校生ドイツ語スピーチコンテスト部門最優秀賞に輝いた。また本校の生徒が対抗三自由選択科目「ドイツ語」では授業活動として受講生が全員応募する。これまで本選に出た八回のうち四回が最優秀賞（副賞）、審査員特別賞を含め、六回連続で受賞している。今回優勝したのは演劇部の生徒たちだ。昨年、朝礼で先輩の優勝演技を見て「来年は自分たちが優勝する！」と豪語していたらしい。とはいえ実際に練習してみて、美しいドイツ語で芝居をするということの難しさも痛感したようだ。本人たちの感想を聞いてみた。

　「今回、立教池袋の代表として参加でき、このような賞を頂いた事を大変嬉しく思っております。授業の仲間、先生方、大会を支えてくださった全ての方へ感謝の気持ちでいっぱいです」
（高三　武田大輝）

　「コンテスト本番では、外国語であるという今までに無い緊張感や、思いもよらぬアクシデントに襲われましたが、最優秀賞という結果を頂き誠に嬉しく思います」
（高三　武田壮史）

　授業でのドイツ語学習を通して、受講生全員に大きく羽ばたき続けてほしい。
（担当　宮谷）

高3自由選択ドイツ語の授業の成果

3）高等学校では

　高等学校においては、各科目の設定による授業展開となりますが、内容面においては中学校における分類を引き継ぎ、リスニング、スピーキング、リーディング、ライティングの4分野のバランスをとった授業内容となっています。

　これらの授業展開が可能なのは、本校が中高6年制の学校であるだけでなく、立教大学までを見据えた一貫連携教育を行う教育機関であるからに他なりません。

　事実、高校3年生の約90パーセントが毎年立教大学に進学しているという状況下で、受験勉強にとらわれずに、自由に本当の意味での英語教育を実践することができる環境は、たいへん恵まれたものであるのです。

　高等学校3年次においては、英語以外の他の外国語教育も展開し、立教大学との連携によりドイツ語、フランス語、スペイン語、韓国・朝鮮語の4言語を自由選択科目で実施しています。

　これらの授業でも、単に大学の基礎教育の前倒しにとどまらずに、スピーチコンテストへの参加、海外との交流や、留学生がアシスタントとして常時関わったり、ゲストとして話に来てくれたりもします。またその国の文化センターが関わって研修会をしてくださるなど、実践的にほんものの言語に触れる機会を多く設定した授業が実施されています。

　以上のように、立教大学までを含めた一貫連携教育体制を取る本校においては、生徒たちが本当の意味での英語教育を受ける事ができるよう、「少人数教育」と「ほんものの英語」というコンセプトに基づき、授業を展開しています。今後も更にこの方向性で、立教池袋中学校・高等学校における英語教育の充実を図ってゆきたいと思います。

コラム1　生徒の可能性を信じて——英語夏期補習と授業実践

元・立教池袋中学校特別任用講師　藤本　麻奈

　立教池袋中学校では、毎年夏休みに英語夏期補習を行っています。一貫連携の取り組みの一つとして、この補習に立教大学の教職課程の大学生が参加し、中学生の個別指導をしています。小グループによる個別指導であるため、個々に合わせた形で生徒を見ることができるのです。

　この補習の参加者で、特に大きな変化の見えた中学一年生の生徒がいます。この生徒は、英語に非常に苦手意識をもっていたようで、とても心配でした。そのため、この生徒のグループについた大学生には、あらかじめ、そういった生徒の状況を伝えました。また、この生徒は、文字の読みと音声が一致せず、演習ではつまずくけれども、音に非常に敏感に反応するので、できるだけ音に着目して補習を行って欲しいと伝えました。

　実際に補習が始まってみると、その生徒は本当に楽しそうに勉強していました。毎日の課題にも意欲的に取り組み、明るい表情で参加しているのが見受けられました。この生徒の担当の大学生が、独自のプリントや、アクティビティを用いるなど、工夫してくれたからだと思います。生徒が大学生に教わるよさを実感しました。大学生も、日ごとに生徒の様子がよく分かったようで、生徒への対応の仕方が変わってきました。教職課程の大学生にとっても、よい実践経験の場になっているようです。

　私自身も補習の期間中、毎日生徒の様子を眺めることで、生徒を理解することができました。例えば、前述の生徒は演習問題が苦手でした。けれども、文法説明の段階ではよく理解をしているのです。そのことがとても不思議だったのですが、原因は単語の意味が分からず、手が止まっているだけなのだと気づかされました。このように生徒たちの強みや良いところ、つまずいている原因などが分かり、補習後に具体的な対応策を取ることができました。

　新学期が始まってすぐの実力テストで、補習の成果を発揮し、休み前の学期末試験でとった点数の約2倍の得点をとることができました。また、授業への取り組みも挙手をして問題に答えるなど、積極的になりました。「補習中に、辞書を引く習慣が身についたからよく分かるようになった」という生徒からの言葉もたいへんうれしかったです。単語

テストでも、勉強した分だけ得点につながることが分かったのか、自信をもって臨んでいる様子が見られました。

　この生徒の場合、一斉授業の中ではとても対応が難しいのですが、今回のようにそれぞれの生徒に合わせた対応をとれば、大きく伸びる可能性があるのです。どんな生徒に対しても最後までその可能性を信じて向き合っていくことが大事なのだと気づかされました。

　もう一つ、立教池袋中学校で特徴的なのは、生徒たちが英語の音に敏感だということです。例えば、授業中に行っている単語テストでは、スペルを正確に書くことはできないけれど、実は単語の音が合っているという生徒がいます。リスニングでも、こちらが想定していた範囲を大きく超えて、英語の音をキャッチしていることがあります。このような発見から、中学一年次の後期では、最近の洋楽やCNNなどの海外のニュースの聞き取りにまで授業が発展しています。

　リスニングの学びの一つとして私は中学一年生にCNNニュースを使ったディクテーションの授業をしています。まずスクリプトを渡す前に先入観なしで一度ニュースを見せます。そして、聞こえた単語をあげさせ、内容を類推させます。というのは、このニュースを扱った最初の授業で大きな発見があったからです。見終わってすぐに、生徒に何か聞きとれた英単語はありますかと聞きました。すると、思っていたよりも多くの生徒が聞こえた英単語をあげ、あっという間に数十個になりました。立教小学校で力をつけてきた生徒はもちろん、それ以外の小学校出身者も同様です。その中には中学一年生には難しい英単語も含まれていて、生徒の耳のよさに驚かされました。教科書で習った英単語だけにとらわれなくてよいことや、内容のすべてを理解させなくてもよいことに気づかされました。また、生徒が言語からだけでなく、映像や語調などからも内容を類推できることも分かりました。最近では、生徒たちは競うように聞きとった英単語をあげます。シャドーイング（聞き取った音をそのまま声に出して繰り返すこと）をしようとする生徒も出てきました。

　リスニングに特化した授業をすることで、教科書だけにとらわれず、CNNのような本物の(authentic)教材を扱うことができます。生徒たちの反応からも分かるように、これらを使い楽しみながら学習を積み上げてゆけば、生徒の能力を最大限に伸ばせると思うのです。

　立教池袋中学校では、個々の生徒に合わせた学習内容が用意されています。私は、生徒たちの可能性を引き出し、最後まで彼らを信じて一緒にがんばれる教師を目指しています。

コラム2　先ず隗よりはじめよ──教師自身の外国語学習から

立教池袋中学校・高等学校　安原　章

　限られた紙面で、すべてを語り尽くすことは到底できません。そこで、「現場の本音」と「学習者としての教師」という両面から、「どこかで耳にしたことがある言説」にメスを入れることにより、自律的学習 (autonomous learning) のあり方と本物の (authentic) 言語態が持つ迫力について綴りたいと思います。

　「語学は暗記だ、そんな単純作業つまらない。とりあえずテストができれば」──記憶すべき事項が多い語学をいかに楽しく、豊かな学習経験へと「調理」できるか。ただでさえ労苦の多い外国語学習に追い打ちをかけるのが、言語体系の大きく異なる英語と日本語の間に存在している「奈落」のような険しい谷。悲観的になる学習者には、たとえばイディオムや単語に取り組む際にも、「どうしてそういう言い方をするのか」という疑問と知的好奇心を大切にして欲しいのです。短期間にいかに「ムリなく、ムラなく、ムダなく」(TOEICテストで！) 結果を出せるかがモノを言う現代ではありますが、例えば「偶然出くわす、出会う」という意味の "come across 〜" というイディオムも、別の方向からやってくる2者が上手い具合に同じ地点で、同じ時刻に「交差 (across)」するように「やって来る (come)」。このような「合点」こそがネイティブの発想の奥底でも無意識的にしろ共有されているものなので、学習者の記憶や想起を容易にすること請け合いなのです。まさに「急がば回れ (Festina lente)」。

　単語の記憶についても、統合知が発達を見せる高校生に対しては、語根や語源の知識 (etymological knowledge) を援用すれば、力ずくだった語彙習得もグンと身近で味わい深いものになるし、語感が身につく。単語の指導についても、ことさら気合いと根性を強調する精神論、さらには教師という制度上の特権的立場によって課される小テストによる拘束だけでは実を結びません。まずは好奇心に火を付けることにより、向上心を燃え上がらせることが肝要です。

　「日本語訛りでもええじゃないか。日本人だもの」──開き直りとも取れる言説ですが、英語教育においては英国を中心とする植民地支配や米国の政治的・経済的優位による英語の世界伝播、といった歴史的背景もあり、世界語としての立場を獲得した英語ゆえ、形式の地域差・

個人差には他の言語より遙かに寛容度が認められ、また求められています。しかし、この「日本語訛り」について高校生の学習者はどう感じているのでしょうか。十数年に及ぶ現場からの報告としては、「恰好よくありたい、ネイティブ・スピーカーのような発音に憧れる」というのが本音です。「発音よりも話す内容が大切だ」というのは、確かに外国語学習さらには言語の本質を突いた言説で、またこれを理想としても一向に問題ないのですが、「情動」や「感覚的な美しさ」にも憧れる人間という生物は、理論と理想だけでは動かない。おまけに、やるからには「英語ネイティブ」にそう引けを取りたくないという闘争本能。「分かっちゃいるけど…でもネイティブみたいにしゃべりたい」というのも彼らの本音であり、高校生のみならず、理論武装した成人の学習者であっても、この原始的でありながら抑えられない憧憬が時折、いやしばしば発露することも認めざるを得ないでしょう。かくいう筆者も英語をはじめ、フランス語、韓国語に挑戦していますが、この願望の強さと達成の歓びこそが学習の原動力と動機になっていることは間違いありません。アメリカ英語における母音間の/t/の有声化［ɾ］"cut it out"や、鼻っ柱の強いフランス語の鼻母音、韓国語における音節末のㄹ（流音）を発音できるようにじっくり観察し、猛訓練し、ネイティブのような音が出た時には達成感とともに、「せっかくこの音を獲得したのだから、語彙や文法もみっちり習得し、ネイティブに極力近づこう」という明確な向上心も生まれてきます。発音に自信が持てると、音読も楽しくなり、上達が加速する。また、ネイティブの英語からかけ離れた"Englishes"を学習のモデルとしてしまうと、そういう学習者どうしの意思疎通が却って難しくなる。モデルとなるネイティブの英語を志向しつつ、それでも埋められないギャップについては目をつむる……くらいの努力目標は立てて、磨き上げる覚悟を持って欲しいものです。

　音声に関しては、理論と実地が必要で、音声学の知見を利用した調音方法の理解、それに従った発音訓練と、学習者による鋭い観察と模倣という、両面からの作用が大切になります。この点、どの言語をやるにせよ実は日本で発行された辞書の巻末などにある発音一覧表に記載されている調音方法は、無駄ない記述で、まずこれにしっかり従うことが大切です。

　訛りや文法的誤りが多く見られる「独特な」英語に対して寛容な（ふりをしている）英語母語話者に囲まれ、「発音や文法は自己流、ブロークンでもよい」という言説が幅を利かせることがなくもない英語教育に身を置くと見えにくくなるのですが、この態度は英語以外の外国語学習・

指導ではほとんど見られないのも事実です。美しく、しっかりとしたフランス語を使うためには、調音に立ち返った発音訓練（多くの仏語指導機関で発音矯正なる授業が当たり前のように存在することが雄弁に語っている）を重ね、正確無比な動詞活用を身につけなければならないし、韓国人もうなる韓国語を駆使するためには、複雑かつ独特なイントネーションに乗せた発音を駆使し、同時に豊富な接辞・語尾や、似た文型間の微妙なニュアンスの違いをとらえなければいけません。「音程がずれていても構わない、楽しく歌えれば...」入門期の音楽との出会いでは、必ずしも否定されるべきではない指導者の善意と励ましに満ちた言葉ですが、合唱コンクールの指導で「音程なんて構うな、大声、気合いだ」などという精神論的指導が役に立たないどころか却って逆効果であることは火を見るよりも明らかですよね。ブロークンで開き直るのではなく、どの言語も持っているデリケートなニュアンスの違い、美しいまでの統語規則・音声構造をないがしろにしない言語教育、さらに意思伝達の手段でありながら、同時に豊穣な文化、歴史、社会を背負う言語の奥行きと可能性を探りつつ、指導者自身のたゆまぬ学習と謙虚な工夫が現場には必要でしょう。

3 立教新座中学校・高等学校の英語教育
―― 多様性を受け入れる英語教育活動をめざして

古平　領二

1　はじめに

　立教学院における小中高大の「英語一貫教育」がこの本のテーマですが、そのカリキュラムは各校さまざまです。しかしそれぞれは英語WGの3目標、すなわち①発信型の英語、②コミュニケーション力、③異文化理解と対応、の達成を目指しています。ここでは立教新座中学校・高等学校が、大規模校でありながら多様な授業展開で英語WGの3目標に近づこうとしている例を、紹介したいと思います。

　近年、中学入学者の英語学習履歴は多様化しています。立教新座中学校には毎年、立教小学校から推薦入学者が約60名、一般受験による入学者が約140名入学します。立教小学校出身者は6年間英語教育を既に受けており、英語音声練習を十分積んでいます。一般受験者はその多くが小学校の「英語活動」で英語に触れてはいるものの、ほとんどの入学者は初習レベルです。しかし、中には英会話教室に通い既に英検3級以上のレベルに達している者もいます。本校は中高6学年で男子生徒約1,600名を有する大規模な学校ですが、個々の生徒に目が届くように、英語は少人数化を図り、ホームルームクラスを分割し、中学の通常クラスは15〜20名前後の単位で行っています。これは大規模校であっても生徒の多様性を重視した一つの方策です。この種の例として以下の4つの項目を紹介いたします。

　①グレード別（習熟度別）の普通授業カリキュラム
　②中学英語、高校学習指向別選択・自由選択・第2外国語選択
　③スピーチコンテスト
　④海外研修

2 立教新座中学校・高等学校における普通授業カリキュラム
―― 中学校から行う「グレード別」授業

　中学校の授業は日本人教員が行う「英語」が週4時間（中3は週5時間）、ネイティブ・スピーカーによる「英会話」が週2時間（中2，中3は週1時間）あります。両授業とも「グレード別」と呼ばれる習熟度別授業を行っています。グレードは二つあり、英語が得意な生徒はS（Special）クラス約20名、不得意な生徒はR（Regular）クラス約15名と、毎学期ごとに成績に応じてクラス分けが行われます。少人数だとペアワーク、グループワークで生徒の発話量を増やした後、教員と生徒間の確認作業も簡単に行えます。スピーチ活動も頻繁に行えるので、発信型の英語力向上にも結びつきます。頻繁にノートチェックや小テストを行いますので、各々の生徒の進捗度合いが容易に把握できるのが利点です。中学段階での習熟度別には賛否両論ありますが、前述しましたように立教新座中学校では、中1段階から生徒間で英語学習履歴に差があるので、この区別はうまく機能していると言えるでしょう。実際、Rクラスの生徒でも後で述べるスピーチコンテストで上位入賞を果たしています。

　高校でも高1で「グレード別」を行っており、こちらは成績上位のクラスをAグレード、そうでないクラスをBグレードと分かり易い名称で呼んでいます。

中1のグレード別授業の一コマ

3　選択授業──様々な生徒の希望をかなえるため

1) 中学3年生の選択授業

　中3では英語は週6時間になり、そのうち週2時間の「英語2」の授業が選択制になっています。「英文読解」「英語表現」「総合英語」「英語基礎」の4つのクラスがあり、クラスサイズは10名前後から30名前後となっています（4章で北岡が説明しています）。

2) 高3の「学習指向別授業」の効果

　高校3年生になると英語の得意、不得意、好き、嫌いがはっきりして、英語学習に情熱を傾ける生徒、最低限の成績だけ取れれば良いと諦めてしまう生徒とまちまちです。そこで立教新座では「学習指向別授業」を導入しています。「学習指向別授業」とは、英語の4技能（読む・聞く・話す・書く）のうちの得意分野を授業導入や定着作業で行うことにより、英語の学習意欲を高める授業形態です。当初は高校2年生から「リーディング指向のクラス」「ライティング指向クラス」「スピーキング・リスニング指向のクラス」の3種類のクラスで発足しました。「指向別」と言っても、4技能のいずれかを英語学習のいわば「牽引役」に使うものなので、他の技能を無視するわけではありません。生徒の学習意欲喚起のためにあくまでも得意分野に焦点をあてた授業展開を行うものです。ですから各選択間でも共通の教科書を使い、試験も共通部分が大半です。2014年度からは、高3から発信型重視の2種類のクラスにしてこの「学習指向別授業」を行っています。

3) 高3次の「自由選択授業」の効果

　高3次には月曜から金曜日の1〜2時間目が「自由選択科目」となり、2013年度は全教科で70以上の講座を開講しています。生徒はその中から3講座以上を選ぶことができます。英語科では「マスメディア英会話」

「映画の英語」という専門的な（マニアックな）講座や「英検2級受験対策」という試験対策講座などの全19講座を配し、生徒の多様なニーズに応えています。その中には第2外国語講座もあり、スペイン語、フランス語、ドイツ語、中国語、朝鮮語、イタリア語、ロシア語、アラビア語、ラテン語の9カ国語を開講しています。生徒は英語以外の外国語にも興味津々で、英語以外の言語を通して異文化に触れる機会を増やしています。

高校ではネイティブによる授業も多い

4　スピーチコンテスト——日頃の英語表現活動の集大成

　中学校、高校とも年に1回、学年ごとにスピーチコンテストを行っています。これは通常授業で行っているスピーチ活動の集大成と言えるでしょう。英語は学習事項を記憶に留めるだけではなく、自分が使えるようになって初めて「修得」したと言える科目です。スピーチ作成の過程は、使用言語材料の学習から始まり、モデル文の読解、スピーチのライティング作業、教員による添削、発音練習、ペア練習、そして発表となります。発表の際は生徒同士の相互評価もあり、英語の4技能（読む・聞く・話す・書く）が内容的に関連しながら学習できます。英語WG3目標のコミュニケーション力の基礎を築く貴重な学習成果発表の場です。この過程で英語の面白さを新たに発見できる生徒も多いように見受けられます。昨年スピーチコンテストに参加したある生徒は、次のようにコメントし

てくれました。(一部抜粋)

　家で鏡の前で暗唱したり、学校で先生の前で暗唱したり、ほとんど毎日練習した。僕にとって初めてのスピーチコンテストだったので、うまくできるか心配だった。自分の番になったときすごく緊張していた。だが、ステージに上がると自然とリラックスしていた。だから本番でも大きい声を出すことができたり、ジェスチャーができたりした。僕はこのスピーチコンテストをきっかけにもっと人前で緊張せずに話せるようになり、流暢に話せるようになりたい。

　このスピーチ作成作業がきっかけとなり、中学では高円宮杯英語弁論大会の全国大会まで勝ち進んだ生徒もいます。このイベントが生徒の隠れた才能を発掘しているのです。多様なカリキュラムは、多才な生徒を発見する場でもあります。

スピーチコンテストの1コマ

5　海外研修──異文化理解・対応力向上のために

　中学では中3生対象に「アメリカサマーキャンプ」、高校生対象に「英国サマースクール」「オーストラリア短期留学」を行っています。3つとも夏期休暇中の行事で希望者対象ですが、英語が得意でない生徒でも十分楽しめ、英語学習の動機づけにもなっています。ペーパーテスト上の英語だけでなく、英語を使って本当にコミュニケーションをしたいとい

う生徒にとっては絶好の機会ですし、外国での異文化体験は生徒を大きく成長させます。下は昨年「オーストラリア短期留学」に参加した高校生のコメントです。(一部抜粋)

　　最終日のサヨナラPartyでは周りが楽しい雰囲気の中で一人涙が止まらなかった。大泣きしていた時に声をかけてくれ、共に抱き合い、交わした言葉は一生忘れない。"You are strong"「来年がある、人生長いよ」。泣きすぎて歩くことすらできなかった自分に、背中を叩いて友人がかけてくれた言葉。その言葉があったからこそ、照準を来年に向けることができた。来年までの1年間はいい準備期間と思うことで気持ちが吹っ切れた。自分の人生は自分にしか変えることはできない。「来年も絶対に来たい」と思えたのは、支えてくれたたくさんの人のおかげだ。「誰」に感謝ではなく、今回関わってくれた全ての人に感謝したいと思う。

　この生徒は、中学時代、決して英語が得意な生徒ではありませんでしたが、この短期留学がきっかけとなり、高校では成績上位のクラスで頑張っています。どんな教材を使っても教室でできる英語学習は人工的で、「畳の上の水練」になりがちです。理屈よりも実体験で成長できる生徒は、たとえ浅いプールで泳ぎを億劫がっても海に投げ込んであげれば、泳ぎを修得できるのです。もちろん「溺れない」程度の準備と監視は教員の

オーストラリア短期留学
現地の高校生と遠足

役目となります。筆者はこの「オーストラリア短期留学」に発足当初の23年前から携わってきました。豪州に送り出した生徒数は600人以上にのぼっています。卒業生の中には大学、大学院で本格的な留学に臨んだり、企業に入って海外赴任を続けている者もいます。

　以上述べた4つの授業形態・プログラムを用いて、立教新座中学校・高等学校は約1600人の大規模校でありながら、生徒それぞれが得意分野を生かせる様々な英語学習機会を設けているのです。その結果として「発信型の英語」「コミュニケーション力」「異文化理解と対応力」の素地を身につけた生徒を立教大学へより多く送り出せるよう努力を続けています。

コラム3　「表現」する力

立教新座中学校・高等学校　横山　祐子

　立教新座中高の特色といえば、やはり選択授業の多さだと思います。高校3年生にもなると、すべての教科で選択科目があり、ホームルームという枠を越えます（第3章3-2（3）参照）。

　その中でも、英語では中学3年生から生徒各自の興味関心に合わせて選択できる週2時間の授業があります。ここではその4種類の中から、「英語表現」の授業について述べます（4種類については、第3章3-2（1）参照）。

　「表現」という言葉が使われていますので、多くの生徒は「発話」と混同しますが、この授業は自分を英語で表現する力としてライティングを学びます。つまり、ひたすら英語で「書く」授業です。これを聞いてげっそりする生徒がいますが、履修変更はできませんので、あきらめて書き始めます。

　2013年度に使用した教科書LongmanのあRedy to Write 1"は英語を第2言語として学習している大学生〜社会人向けに作られたライティングの初級教材です。出てくる文法項目は非常に初歩的で、日本の英文法学習では中学1、2年次に学ぶ内容ですので、これに関しては受講する生徒たちは「楽勝」と喜び、最初にすべて英語で書かれた教科書に怖じ気づいたものの、そんなにたじろぐものではない、と受け入れやすくなります。

　教科書の中で取り上げられている文法は簡単ですが、これを実際に

「使う」ことが求められるので、ここが生徒たちの苦戦するところです。教科書の内容は自分のことや自分の周りのことを英語で書き、最後に「ポートフォリオ」(自分の作品集) が出来上がるように進められています。

簡単な自己紹介から自分の家系図、身近な友人の性格描写などと次第に広がり、自分の家の間取りや住んでいる市の特徴、料理のレシピなど、ひとつひとつの作品は1パラグラフと短く、50分の授業で書き上げ、その後修正しながら「ポートフォリオ」のページを増やしていきます。このように生徒にとって身近なことを英文で表現する活動はCEFRの書く活動では「一連の短い別々になっている要素を一つの流れに結びつけることができる」(CEFRの詳細については第4章2を参照) に当てはまると考えます。この段階を踏まえて高校3年次には「ライティング指向クラス」で「自分の関心がある専門分野」へと発展していくと思います。

この教材の利点は自分の知っていることについて書く作業が中心なので、下調べがほとんどいらないことです。他方、最大の難しさは、自分が言いたいことはたくさんあるのにそれを表現する英語が分からない、ということになります。基本的な文法力と語彙力が必要なのはもちろんですが、一番大切なのは「発想力」になります。それはちょうど日本に住む外国人が簡単な日本語はわかるが、日本人が話す日本語は難しいと感じることと同じ状況です。日本人なら道案内で「そこを右折して」と言いますが、日本語を学ぶ外国人にとって「右折」は難しく、「右に曲がって」と言えば理解できます。生徒たちは日常で難しい日本語を使っていて (母語なので当たり前ですが) それをそのまま英語にしようとするので、行き詰まって「書けない」と音を上げてしまうのです。そこで日本語をまず読みほどくことを伝えます。例えば「『無視』は英語で何と言うのですか」と尋ねられたとき、ignoreという単語を伝えることもできますが敢えてそれはせず、文脈を確認しつつ、例えば「話してもらえない」(won't talk to me) に言い換えてみる工夫を提案します。語彙数を増やすことも大切ですが、中学生が学ぶ範囲の英語でも、工夫すればコミュニケーションが成り立つことを知って欲しいのです。この活動に慣れると、比較的にすんなりと自分の言いたいことが書けるようになり、授業も「楽」に感じ、英語を「楽しめる」ようになります。

このような学習を通して自分がその時学んでいる英語でも自己表現ができることを知り、自信を持って自分の「内容」を他者へ伝えられるようになってもらいたいと考えています。

4 立教小学校の英語教育

天野　英彦

1　最先端に挑み続ける

　キリストの教えをもとに、平和で民主的な国を作り支えていくべき人材の育成は小学生の時期から始められるべきである、との考えから、立教学院は、敗戦後間もなく小学校を設置しました。その設立当初から、海外経験が豊富であった当時の校長が、外国人講師と二人で、教科としての英語教育を開始しました。それから約70年間の英語教育実践が刻まれました。それは、フォニックス指導やlanguage laboratory（LL教室）を使ったミシガンメソッド等々、当時では画期的なことが次々に試みられ、時代の最先端に挑み続けてきた歴史であったようです。

　日本の英語教育は今、大きな転換期を迎えています。特に小学校5,6年生に教科としての英語が、3年生からは外国語活動として授業が全面実施される方向で計画が進んでいます。そんな中にあって、立教小学校の英語科教育は「何のための小学校英語教育か」を見失うことなく、立ち止まらずに進化し続けねばならないと考えています。

　最先端を行くことは、どこよりも先に失敗する、というリスクを負うということでもあります。だれよりも早く失敗して、だれよりも早く問題解決をすることが、私たちの使命ではないかとさえ考えています。

　例えば電子黒板です。幼少期に質の良い英語を沢山シャワーのように浴びさせて、母語を獲得した時に発揮した子どもたちの中にある「語学の天才」を刺激することは良いことです。英語の音声を映像や文字と同時に、一斉授業で効率的に子どもたちに浴びせる（input）には、電子黒板

ほど有効なものはなかなかありません。

　小学校では全教室に導入することも視野に入れて、まず英語室に1台導入しました。その結果、教員の教え方(teaching)には大いに貢献しても、必ずしも子どもたち一人ひとりの学び(learning)に寄り添うものではないこと、十人十色の学び方をする子どもたちを短時間で大量の情報付けにすることは可能ではあってもチョークを使って板書しながら説明するchalk-and-talkの授業スタイルを打破するのは難しいことに気づかされました。世の中に溢れる物と情報とを闇雲に消費する生き方は、持続可能な未来を創り出しません。私たちが育てるべきは受け身な消費者的学習者ではなく、能動的で発信型の学習者です。今では一人ひとりに情報端末(iPad mini)を持たせ、彼らの多様な学びに応えられるように、新たな挑戦が始まっています。

2　主体的な学びを

　小学生には自ら発信したりコミュニケーションしたりするだけの英語の基礎力が無い、だからまずはその基礎的な力を身につけさせるべきだ、という考え方もあるでしょう。しかし、1を教わったら2を、2の次は3を、とやっていって、10まで行ったらようやく、はい本番です、どうぞ言いたいことを言っても良いですよという感じでは、子ども達のやる気は持続しません。伝えたいことがあって、伝えたい相手がいて、伝え方を工夫する。小学校段階からそういう切実感を作り出す工夫が必要です。

　特に子どもは、毎日120％出し切らないと気がすまないのではないか、というくらい元気ですから、やる気になるかならないかが大事な分かれ目です。ワーキンググループ(WG)では動機付けについて研究しましたが、アメリカの心理学者ドシャーム[1]の言う『コマ感覚』では、彼らはなかなか本気を出しません。『指し手感覚』を持たせてはじめて、彼らは

やる気を発揮します。ですから、小学生のうちから、指し手感覚を持つこと、言語を自律的かつ主体的に学ぼうという姿勢を身につけさせることが大事なのです。

　例えば野球選手が手のまめがつぶれても素振りを続けたり、痛いのをこらえて柔軟運動をしたり、極限まで自分を追い込んで走ったり筋力トレーニングをしたりすることができるのは、その先にある喜びを知っているからでしょう。その喜びとは、試合に出ることかもしれませんし、表彰台の天辺に立つことかもしれません。人それぞれ、目標は異なるかもしれませんが、それを目指してそれぞれが頑張る、そんな英語の授業を立教小学校は目指しています。

　音を扱い、音楽というメディアを通しての他者とのコミュニケーションをするという意味で、外国語習得は楽器演奏の技術習得と似たところがあります。楽器の手入れ、チューニング、運指や楽譜を読んだり書いたりする技術、そういった基礎的な一つ一つを丁寧に身につける必要があるように、発声、発音、読み書きの基礎を身につけることが、小学校段階の英語学習では必要です。その基礎で終わるのではなく、さらに、伝えたいことを伝えたい人にどう伝えるかの工夫は、外国語学習の初期段階から豊かになされるべきです。

3　個々のペースで

　外国語習得に要する時間は、人によって違います。何時間ピアノの前に座れば『エリーゼのために』を演奏できるようになるかは、人によって違うのと同じです。個々の学習ペースに寄り添って授業は展開されねばなりません。

　立教小学校では習熟度別のクラス編成を行っていませんが、それは、それぞれの良さや学習スタイルを持ち寄って、他者との交わりの中で学び合うことを大切にしているからです。例えば英検準1級合格者と5級

合格できるかどうかのレベルの児童との間には、一見大きな違いがあるように見えます。しかし、彼らが一緒に学び、刺激し合うことの方に私たちは価値を見出しています。そして、子ども達一人ひとりが仲間と一緒に、それぞれのペースで安心して学習を進めることができる環境を、これからもさらに強化していきたいと考えています。

　子ども達の「やる気」や「個々の学びのスタイルやペース」を大切にしながら、一人ひとりが自分の考えや思いを英語で声にする練習を重ねること。隣の気の合う友だちでさえも、自分とは違う「異文化」であるということを知ること。互いに尊重しあいながら対話（言葉を使って価値観を擦り合わせること）を諦めないこと。小学校段階では、立教学院一貫連携英語教育の3目標をこのような形で理解し、日々の授業やカリキュラムを考える際の羅針盤としています。

4　英語教育であり、全人教育である

　言葉を使った対話を通じて互いの価値観を擦り合わせながら、他者と共に新たな地平を切り開くこと、平和な未来を築く基礎を子どもたちの心に培うことが立教小学校の使命ですから、英語科としても「自分自身を受け入れ、友だちを尊重し、共に生きていく心を育む」ということを目標としています。英語という教科を通して、全人教育をしようということです。この目標は英語科を超えて、小学校全体の教育活動の中で達成されるべきものでもあります。

　一方で、英語を6年間学んだ成果として、「英語は楽しいから好きらしい。」「英語の力を計るテストの点数はあまり高くないかもしれないけれども、どこか憎めない良い奴だ」ではいけない、とも思っています。自己受容、他者尊重、共生の心の大切さを教えながら、「英語をよく聞いて、自ら英語で発話しようとする態度」「英語のプロソディー[2]を定着させ、豊かな語彙・表現力」「基本的な読み・書き・文法認識力」「外国や

異文化への理解・関心・対応力・広い視野」「家庭英語学習習慣」の5項目が身につくことを願っています。

　この願いを実現するために、2013年度現在、1年生は週一コマ半（一コマ40分）、2年生と3年生は半コマを二つ、4年生は週二コマ、5年生と6年生は週三コマの授業を確保しています。1～3年生の半コマ授業をのぞいて、40人学級を半分に分けて授業が展開されています。

　英語教育であり、全人教育である立教小学校英語科カリキュラムで、最も象徴的であり、大事にされているものがETMというプログラムです。

　ETMはEducation Through Musicの略です。English Through Musicではありません。英語圏の言語・文化を背景に歌い継がれてきた、北米発祥のわらべうたで遊ぶ全人教育プログラムです。playとintelligenceとimaginationは同義であるとの理解から、言語・音楽・数学・運動・空間把握等の力や、自主性・創造性・協調性・美的感性等、子どもたちが持っている様々な力を引き出すことを目指しています。

　扱われている歌はすべて、いわゆる英語教育のために作られた歌ではない、オーセンティックなわらべうたです。わらべうたは、その言語が生きている文化に深く根ざした音楽です。音楽と言葉とが共存していた子ども時代の記憶、「わたし」と「あなた」が、その「音」の世界で楽しい関わり合いを持つことができていた頃の人類の記憶という遺産、と言っても良いと思います。それを教師の肉声で歌いかけると、子どもたちは自然に歌いだします。そして、「見えていること」「聞こえていること」「口にしていること」「行っていること」全てが合致した「意味」の中で、子ども達は遊び（play）、奏で（play）、演じる（play）ます。子ども達にwell-beingとそれを支える自己受容、他者尊重、共生の心の大切さを教え、一人ひとりを一人ずつ高度な思考へと誘うETMの精神は、私たち小学校英語科の核です。現在、ETMの授業は1,4,5年生で週1回、20名に分けて展開されています。

5　今後の課題——読む力を伸ばす

　ETM授業は、英語特有の音を聞きとったり、口にしたりする技術を自然な形で身につけさせるだけでなく、具体から抽象へ、体験から記号（文字や音符）へといったプロセスを経験させることで、思考の基礎をjoyfulな体験の中で築き上げます。子ども達は楽しくて安全でチャレンジに満ちている環境に置かれれば、学ばずにはいられません。ですから「小学生ではあまり読み書きできなくても良い。どうせ中学校で習うのだから」などと言ってその学びを制限することは、罪悪であるとも考えます。

　WGでの話し合いや共同研究をきっかけにして、このいわゆるリテラシー（文字の読み書き）の部分を立教小学校では更に意識的に強化しようではないかという機運が高まっています。一人一台のiPad導入や、iTunes Uでのコース開講、数百冊に及ぶ音声付き英語絵本ライブラリーの充実など、英語で読む力が伸びる環境をさらに充実していかねばならないと考えています。自律的な外国語学習のためには欠かせない読む力を、子どもたちが自分のペースで存分に伸ばし、自信をつけて中学校に進学して欲しいと願うからです。そしていつの日か、中学校・高等学校の先生方から「立教小学校卒業生は、音声面ではアドバンテージがあるようだ」だけではないフィードバックがもらえる日が来ることを、ひそかに期待しているのです。

注

1　立教学院英語教育研究会編『英語の一貫教育へ向けて』東信堂、2012年、p.228
2　prosody。それぞれの言語が持つ、音声学的に特有なリズムやイントネーション。音としての英語らしさ、というようなことばで、私は子どもたちに説明している。

第4章
実践から生まれた理論的な関心

〔編者のコメント④〕
　第4章は、この数年来、英語ワーキンググループが取組んできた研究活動についての報告です。当初、各校の情報交換から始まった英語ワーキンググループが、やがて実践を支える教育理論へと関心を広げていった様子が浮かび上がります。一つは「意欲喚起」という教育の根幹に関わる問題で、教育現場に引き付けながら学んでいきました。次が、ヨーロッパ言語共通参照枠（CEFR）という、極めて難易度の高い言語教育と評価の枠組みがテーマでした。CEFRの全容を網羅した文献を読み、毎月の会議でメンバー一人ずつが各章を担当して発表し、皆で討論することを繰り返しました。理解するだけでも大変な作業でしたので、実践に落とし込む作業は緒に就いたばかりです。しかし、言語を教えるとはどういうことなのかについて深く省察する機会を与えられたのは事実で、これから学びの成果が形となっていくと期待されます。

1　「意欲喚起」について学ぶ
　　1　学習意欲をどう持たせるか　　立教池袋中学校・高等学校　綾部　保志
　　2　実践
　　　　1　立教小学校における意欲喚起の試み　　立教小学校　西村　正和
　　　　2　池袋中高が実践するアウトプット重視の活動
　　　　　　　　　　　　　　　　　立教池袋中学校・高等学校　白石　大知
　　　　3　中学生の苦手意識と意欲喚起の狭間で
　　　　　　　　　　　　　　　　　　　　　立教新座中学校　北岡　常彬
2　CEFRについての研究から　　　　　　　　　　　　　　　綾部　保志

1 「意欲喚起」について学ぶ

1　学習意欲をどう持たせるか　　　　　　　　綾部　保志

1) なぜ意欲が問題になるか

　日々の学校生活で、生徒と会話をしたり、行動を見たりしていると、実に色々な生徒がいることを実感します。具体的な場面としては、分からない語句を辞書で調べる、海外プログラムに参加する、資格検定試験を受ける、留学生や英語ネイティブ・スピーカー（母語話者）に積極的に話しかける、授業前後に質問や助言を求めに来る、などです。おそらく、英語教師なら誰でも、こうした何気ない「行為」が、何によって引き起こされているのかと考えたことがあるでしょう。そして、生徒たちを「英語好き」にさせたいと思うはずです。その理由は、経験的に見て、英語文化／学習に興味をもつことが、言語習得の効果を高めると考えているからでしょう。

　読者の皆さんは、何かに「興味を持つ」というと、「心」の源泉から自然に関心が湧いてくる状態を思い浮かべるかもしれません。あるいは「意欲を喚起する」というと、昨今の教育の商品化／サービス化現象を想像し、教師が生徒（お客様）に好印象を持ってもらうために、対応マニュアルのようなものを使えばよいと考えるかもしれません（例えば、口角を上げた笑顔作りなど）。このように「動機づけ」（モチベーション）を狭義の技術論と捉えることもできますが、授業実践を含む、人間一般や社会一般に関わる事象は、不規則な要因が複雑に絡み合っているので、動機づけに絡む議論も、もう少し、広角的に考えてみたいと思います。

2) どうしたら意欲を引き出せるか

　まず、分かりやすい例として、アンケートで被験者に過去の授業を思い出させて、意欲の低下をもたらした教師の特徴をまとめた調査結果が参考になります。それによると、意欲低下をもたらす教師は、(1) 不適格(無感動、退屈、無関心、乏しい英語力、内容が分からない、熱意の欠如、不明確な指示、不公平など)、(2) 侮辱的(皮肉、抑圧、セクハラ、偏見、自己中心的、口汚いなど)、(3) 怠惰(欠勤する、シラバスを逸脱する、仕事が遅い、授業準備不足など) の項目が挙げられています。生徒にとって身近な存在である教員の資質や行動は、後々も大きな印象を残すので、教える側は丁寧な仕事を心掛けなければならないと思います。

　これとは逆に、教師側の視点から、生徒のモチベーションを高めるための、具体的な方略(ストラテジー)の研究もされています[1]。教師が、生徒一人ひとりと信頼関係(ラポール)を築くこと、扱う教材に対する熱意を説明すること、学習自体を楽しくして生徒同士がお互いに助け合う環境を作ること、目標を定めること、効果的なタスク活動を行うこと、学習者に定期的に成功体験を与えること、意欲を持続させるために自己評価を促進することなど、Dörnyei という研究者は授業実践に関する有益な示唆を与えています。生徒のモチベーションを高めることと、自律的で協調的な学習にすることは、不可分の関係にあると考えられます。

　上記のような、教師側の働きかけとは違う角度から、立教学院英語科教員研修会で招いた佐伯胖氏[2]は、教師の姿勢で大切なこととして、教師自身が、教科の持つ世界観に魅了され、その世界の中に生き、テーマを探究していることの重要性を指摘し、こうした教師の生き方が、生徒の意欲に影響を与えると述べ、それを「感染動機」と呼んでいます。教師が一元的な価値観で、生徒の学習意欲を合理的にコントロールしようとすると、期せずして逆効果を生むこともあるので、「感染動機」とい

1　Dörnyei, Z. *Motivational strategies in the language classroom*. Cambridge: Cambridge University Press, 2001.
2　佐伯胖「そもそも学習意欲とは何か」立教学院英語教育研究会編『英語の一貫教育へ向けて』(210-243頁) 東信堂、2012。

う概念は重要な視点だと思います。

3)「第二言語習得」はどう研究されてきたか

次に、理論的な背景を把握するために、「第二言語習得」(Second Language Acquisition; SLA)の研究などを概説します。

初期のSLA研究では、個人的な特性(知能、適性、性格など)が言語習得の結果を大きく左右すると考えられていました。しかし1970年代頃に、社会的要因に研究の焦点が移り、社会心理学による調査が広く行われました。それによると、社会の中で言語間に優劣関係がある場合、社会的に優位な言語集団に対して、下位集団は社会上昇的に同化的態度を示し、そのことが下位言語の学習者たちによっても認識されていることが報告されています。

目標言語の集団に参加したい、社会の一員になりたいという同化的欲求を「統合的志向」(integrative orientation)と呼び、言語を習得することで得られる経済的／実利的な利益(就職や収入・社会的地位の確保など)を目的とすることを「道具的志向」(instrumental orientation)と言います。「統合的志向」の方が「道具的志向」よりも学習意欲／習得を高めるとされていますが、両者は厳密に区別できるわけではありません。

その後、80年代以降には、教育的視点から見た学習者の心の動き(期待／価値など)と対象(手段／目標など)の捉え方―「認知」―が教育心理学や認知心理学によって調査されました。試験や就職などの報酬目的を「外発的動機づけ」(extrinsic motivation)、学習自体に楽しみを見出す目的を「内発的動機づけ」(intrinsic motivation)と呼びます。学習者の主体性(自己決定、自己効力感、自己調整力)の度合いが、学習効果に作用することが実証されています。個人主義や自由主義を重んじる西洋的な文脈の中で、学習者の「自律性」(autonomy)を高めようとする動きが広がってきたのです。

90年代以降は、個人が置かれている社会環境を含む学習活動の状況全体(コンテクスト)を捉える方向に向かっています。ロシアの心理学者

ヴィゴツキーなどに影響を受けた「社会文化的アプローチ」(socio-cultural approach)や「社会構成主義」(social constructivism)が代表的な研究の流れです。これらの学説では、人間の心理(感情や情意)は、個人の「頭」の中に単独に存在するわけではなく、社会的な相互関係のプロセスによって構築されると認識されているので、心の機能が、如何に、社会文化的な局面と結びついているのかが探求されています。

事例研究として、学習者のアイデンティティと社会環境との権力作用に着目し、学習者が目標言語の集団利益にどの程度アクセスできるか、疎外／排除されているかなど、「参加」(participation)という概念によって現実の社会／教室状況を見る調査があります。帰属する集団や場の状況に応じて、学習者は多様な社会的アイデンティティを示すことが分かっています。なぜアイデンティティに注目するかというと、アイデンティティは、自分で自分を認識する「自己意識」であると同時に、他者によって位置づけられる(つまり、社会的に状況づけられる)意識でもあるので、社会文化コンテクストと個人意識の両面に関わっているからです。

4) まとめ──教師と生徒の協働による意識喚起

以上、モチベーションの研究を総括すると、動機づけを考えるときに先ず大切なことは、学習者の認知／欲求／態度を確認することです。しかしこれに加えて、学習者を取り巻く社会環境がどのようなもので、どのような社会集団に学習者は属していて、どのような社会的役割を担っているのか、そして他者との相互作用によって、アイデンティティの位置取りや交渉がどのように行われ、それが学習活動にどのような影響を与え、出来事の参与者との関係性がどのように変容してゆくのか、これら相互行為に関わる局面に着目することです。

授業実践に置き換えて考えると、英語学習の過程において、(生徒を含む)私たちの喋り方、立ち居振る舞い方、ものの感じ方や考え方、そして、そのような「品行」(demeanor)を体現する人間同士の接触の形は、普

段、あまり意識されないまま、私たち自身が「当然」と思うような仕方で、日々の「文化的慣習」として繰り返し実践されています。学習意欲、動機づけ、アイデンティティなどの概念は、学習に関わる人々の相互行為(コミュニケーション)によって構築されるものであると思われます。

　結論として言えることは、教える側と学ぶ側の、両方の「まなざし」を採ろうとすることが鍵となるでしょう。教師は、生徒の意欲を喚起するために、授業内外で色々な合図を送ったり、期待感や満足感を高めるために、様々な工夫やフィードバックをしたりしています。生徒側も、それらに対して、様々なスタンスを取りながら価値づけをしています。この両者の接点つまり、コミュニケーションが行われる場で、動機づけのメッセージが、双方によってどのように解釈され、結果的にどのような効果を持ち得る／持ち得ないのか、相互行為の過程を広い視点から解釈／分析しながら、協働的に、実践行為を進める必要があると考えられます。そして同時に、様々な意識や態度があるので、特定の価値観を生徒に押し付けたりするよりも、まず、教師自身が教科の中身を探究し、教科に賭ける覚悟をもって、その世界の中に生きていることが、どのような動機づけの方策よりも効果的なのかもしれません。

2　実践1　立教小学校における意欲喚起の試み　　西村　正和

　立教小学校の英語の授業は、1年生から始まり、6年間にわたって歌やゲーム、カードや絵本、コンピュータやiPad等を使いながら、多彩な授業を展開しています。ここでは、学習意欲喚起に結びつく事例として、「Education Through Music(以下ETM)を取り入れた授業」(4年生)と「ショートスピーチからビデオレターへ」(6年生)の2つを紹介したいと思います。

1)「ETMを取り入れた授業」(4年生)

　ETMは、1960年代後半に、カリフォルニアのDr. Mary Helen Richardsによって音楽教育の手法として始められ、その後の発展の中で、特定の教科や領域を超えて実践されるようになってきた総合的な教育プログラムです。立教小学校では、言語はもとより、自主性や創造性など、子どもの様々な力を引き出すことを目指し、1992年よりこのETMを取り入れてきました。

　ETMのアクティビティーは、英語のわらべ歌とそれを使ったゲームによって構成されており、子ども達はその中で、歌に合わせて踊ったり、追いかけっこをしたり、アイディアを出し合ったりします。また、オリジナルゲームと呼ばれる基本のゲームでたっぷり遊んだあとは、ペアーや小グループでacting out (歌の意味を動作で表す活動) や mapping (歌を線で表す活動) などを通して、歌を動作や線・文字などで表していく記号化のプロセスも体験していきます。

1　英語教育の面で期待される成果

　ETMでは、well-being (幸福感) を育むことが、あらゆる学びやコミュニケーションの根幹であると考えています。最近の大脳生理学の研究では、頭も体も使って遊びきった時に、子どもの様々な力が引き出されていくことが注目されていますが、well-being を育くみながらETMゲームで遊びきったならば、英語教育の中では、以下のような成果が期待されます。

①コミュニケーションの土台が育まれる

　　ETMでは、色々なパートナーとダンスを踊ったり、小グループで相談して歌に動作をつけたりしていきます。こうした体験を通して、子どもたちは人と関わる楽しさや難しさを味わい、時には我慢したり、小さな価値観の違いも乗り越えたりしながら、人と関わるコミュニケーションの土台を育んでいきます。

②英語らしい音とリズムを身につける

　ETMは英語圏の言語や文化を背景にした「わらべ歌」を主な題材にしています。子どもたちはゲームを通して何度も歌を聞き、歌に合わせて様々な活動を行う中で少しずつその歌を歌えるようになり、英語らしい音とリズムを身につけていきます。

③音から文字へのプロセスを体験する

　オリジナルゲームとそれを発展させたアクティビティーの中で、子どもたちは歌に動作をつけたり、それを線や文字で表したりしながら、音から文字へのプロセスを体験していきます。

2　学習意欲喚起の観点から

　ETMを体験した子ども達からは「英語が楽しい」「英語が少し出来るようになってきたので、もっと上手になりたい」といった肯定的な言葉がよく聞かれます。その意味では、ETMを行っていること自体が一つの「学習意欲の喚起」になっていると言えるかもしれません。しかし、子どもによって興味・関心は違いますし、歌ったり動いたりすることが苦手な子もいます。そこで、このETMの授業を下支えする活動として、4年生で行っている「ソングチェック」と「自己評価」の2つを紹介したいと思います。

動作のアイディアを出し合う

歌を線で表すマッピング

①ソングチェック

　子どもたちには、4月の段階でETMの歌が入ったオリジナルCD・歌詞・チェックシート(35曲)が配布され、各学期の終わりに、ソングチェックが行われます。このソングチェックは、リストの中から自分の選んだ2曲以上の歌を教師の前で歌うことが課題で、何はともあれ歌えれば〇、上手に歌えれば◎をもらうことができます。

　「ソングチェック」の良さは、「歌とゲームで楽しく遊んでおしまい」ではなく、「歌を覚えることで、英語を学んでいる事を実感できる」「努力の結果が目で見える」「どれだけ頑張るかは自分で決められる」など、子どもたちの学びを促しているところではないかと思います。

　ソングチェックを始めた頃は、合否を表すハンコは〇しかなかったのですが、「上手くても下手でも同じハンコでは不公平」という子どもの声をヒントに◎のハンコも押すようになり、それまで以上に子どもたちのやる気を刺激するようになりました。ソングチェックをはじめて10年以上が経ちますが、子どもたちの中には、この仕組みが気に入って20曲、30曲と挑戦し、中には100曲以上の歌を覚えて卒業していく児童もおり、子どもの可能性は無限であることを教えられてきました。

②自己評価

　ETMが、ペーパーテストでその成果を計りにくいこともあり、4年生のETM授業では、「授業への取り組み」「ソングチェック」とともに「自己評価」も評定の資料にしています。子どもたちには(i)よい仲間になる、(ii)目の前のことに集中する、(iii)英語の力を伸ばす、の3つを授業の目標として伝えていますが、各学期末には、これらの観点を中心に自分自身の取り組みにABCをつけ、さらに「今学期努力したこと」「来学期の課題や目標」を書いてもらいます。先生からの評価に慣れている子どもたちにとって、自分で自分を評価することに、はじめは戸惑いもあるようですが、こうした経験を通して、「勉強は人から

強いられて仕方なくするものではなく、自分の人生を豊かにする為に、自分で責任をもって取り組むものなのだ」という学習観を育てていければと願っています。

2)「ショートスピーチからビデオレターへ」(6年生)

　6年生の英語授業では、小学校での英語学習の集大成の一つとして、友だちの前で自己紹介をする「ショートスピーチ」を1・2学期に行います。これは希望者順に、一回の授業につき一人ずつが(ⅰ)名前、(ⅱ)年齢、(ⅲ)住んでいるところ、(ⅳ)好きな事(物)、(ⅴ)趣味、(ⅵ)将来の夢など、6センテンスを目安に英語で自己紹介するもので、スピーチのあとには、QAタイムがあり、Why do you like to play soccer? Where do you want to go now? What's your motto? 等、スピーチを基に質疑応答を行います。そして、その経験をふまえた上で、3学期に行っているのが、ビデオレター作りです。これは、「外国にホームステイに行く」又は「将来の自分に向けて」という想定のもと、ショートスピーチの経験を生かしながら、友だちと協力してお互いの自己紹介を動画におさめていくもので、撮った画像はパソコンに取り込んで、キャプション（日・英）や編集を加えて完成。最後にクラス全員でお互いの作品を見合います。

1　学習意欲喚起の観点から
①ショートスピーチ
　ショートスピーチの一番の魅力は、それが、子どもたちにとって実際に英語を使うチャンスになるところです。本やカードを通しての学びも大切ですが、自分にとって意味ある言葉を使う活動は、何より発話意欲を促します。また、自分がスピーチをするのは1回でも、友だちのスピーチを何度も聞くので、子どもたちはそこで使われる表現を繰り返し耳にし、質疑応答の中では何度も主体的に言葉を使うチャンスを得ることになります。同じ「自己紹介」でありながら、人が変わ

第4章　実践から生まれた理論的な関心　111

るおかげで新鮮さが生まれ、語学の習得に欠かせない繰り返しが確保される、という訳です。

　また、質疑応答の時間を盛り上げるのに一役買っているのが、「質問シート」です。これは、子どもの目線で集めた約30の質問（5W1Hほか）が書かれた1枚の紙なのですが、子どもたちは、そこにある文を参考にしながら、自分の聞きたいことを言葉にしていきます。

　これは5〜6年前に、6年生全員にどんな質問がしたいのかを聞いて出来上がったシートです。毎年少しずつ改訂されているこのシート、「本当に聞きたい内容である」「子どもの知的レベルに合っている」「少々難易度の高い文章も入っている」などのポイントが、子どもの意欲を引き出すカギになっていることを感じています。

②ビデオレター作り

　ショートスピーチの経験を土台に行われるビデオレター作り。

　2009年に始めて以来今年で5年目となりますが、「名前と年齢を含む6センテンス（45秒）を目安に」というフレームワークを伝え、あとは出来るだけ子ども達の自由な発想を大事にしながら行ってきました。
● ビデオレターの中で言う内容や撮影場所は基本的に自分で決める。
● フェードイン／アウト、画像の編集などの創意工夫が可能であること……などがその例で、子どもたちにとっては、色々なことを自分で選べることが、やる気につながっているようです。

　また、事前に先輩の作品を見ることで「イメージ」をもてるようになったり、「少なくとも一か所は英語でキャプションを入れる」という課題のおかげで英語で文字を書く意識が高まったり、ビデオレターという「作品」を作ることで、「何となく」言っていた表現を「正確に」言おうとするようになるなど、教師のちょっとした工夫や一手間が、子どもたちのやる気に大いに影響することも感じてきました。

112 1 「意欲喚起」について学ぶ

ショートスピーチ後のQAタイム

ビデオレター撮影

おわりに

　英語WGでは、これまで「内発的動機の大切さ」や「実社会で使われている英語を使った教材」「体験を通しての学習」の重要性などを学んできましたが、これからも、「大事だぞ」よりも「面白いでしょう！」というスタンス（池袋中学校・高等学校の初瀬川正志教諭のことば）を大事にしながら、日々の授業に取り組んでいきたいと思います。

2　実践2　池袋中高のアウトプット重視の活動　白石　大知

　池袋中学校・高等学校では英語WGの共通目標の一つ「発信型の英語」を念頭に生徒の意欲喚起のために、アウトプット（言葉を話したり書いたりすること）の機会を多数設けて、英語の表現力養成に力を注いでいます。生徒たちはこのアウトプット活動に極めて意欲的であり、素晴らしい潜在能力を発揮してくれます。ここでは、私がこの3年間に中学の授業で行った3つのアウトプット活動について概観します。

1) アウトプットにつながる音読

　1つ目に紹介するのは音読です。音読の大前提として、英語は綴りと発音が一致しないことや、英語のストレス（強勢）やリズムも日本語とは大きな違いがあることを生徒に教えておきます。例えばminuteという

単語は、第1音節にストレスが来れば名詞で「(時間の)分」ですが、第2音節にストレスが来ると、形容詞で「微細な」というまったく違う意味になり、発音も異なります。そのため誤った発音や強勢は、コミュニケーションの誤解や混乱につながる可能性があるのです。

また、英語には独特なリズムがあるため、音読を授業に取り入れる際には指導者が明示的にそのルールを教える必要があると思います。CEFRの「音素の把握」の箇所に、「明らかな外国語訛りが見られるものの、大体の場合、発音は理解できる程度にははっきりしている」という記述があるとおり、私の授業では、音声を柔軟に吸収しやすい中学生のうちに、相互理解に支障がない程度の発音、強勢、リズムを生徒に習得させることを目指しています。

次に、音読の具体的な指導形態を見てみましょう。最も代表的なchorus reading (一斉音読) は、指導者が英文を読み、それに続いて生徒が一斉に音読するという伝統的な音読形態の1つです。研究者の間では、このような一斉音読によって文章の内容理解が妨げられたり、読む速度が低下したりする、もしくは英語の強勢やリズムを無視して読んでしまうため画一的な活動になりやすいと批判されています。私もchorus readingを授業に取り入れていますが、生徒の意識を強勢やリズムに向けるように、様々なアプローチを模索しているところです。その他の例を挙げると、各自が自分のペースで音読するbuzz reading、ペアやグループで音読するpair/group reading、1文を黙読したあとに顔を上げて何も見ずにリピートをするread & look up等があります。このread & look upは、アウトプットにつながる音読活動であると言われています。これらの音読の他にも、生徒に教科書の本文を音読・暗誦させてから、生徒を1人ずつテンポよく指名し、私が発する本文の日本語を瞬間的に口頭で英作文させる活動も適宜行なっています。

昨今は、洋画や海外ドラマ、インターネット等の影響で、生の英語に触れる環境が簡単に手に入るようになり、正確な発音やリズムを習得し

て流暢に読んだり話したりするようになりたいと憧れを持つ生徒が非常に多く見受けられるようになりました。

2) リーディングとライティングの統合

　第2のアウトプット活動として、中学校3年生の授業では、比較的短く平易な文章を読ませて、それに関連する内容について50〜100語のエッセイを書かせました。つまり、リーディングとライティングを統合した活動です。使用したのは「ドラえもんの秘密道具の実現」や「ベトナムと日本の食文化の違い」など、生徒の知的好奇心を刺激する内容を扱う副教材です。文章の題材が生徒の普段の生活や趣味、関心とうまく合致すれば、読む意欲も格段に高まることを再認識する良い機会になりました。文章を読んだ後は、内容理解をQ&Aでチェックし、「ベトナムと日本の食文化の違い」の文章であれば、例えば、「これまで行ったことがあるお気に入りのレストランについて描写して、その理由を詳しく書く」ことになります。これは後日、文法面・表現面の両方の観点から添削し、生徒に返却します。この活動の最終目的は、文法ミスがない完璧な文章を書くことではなく、自分の経験談や意見をできるだけ具体的に書くことを目的としています。よって、主に表現面について、どのように書けばさらに良いエッセイになるかというポイントを念頭に置いて、フィードバックすることにしています。

　文法項目の定着を狙った単純英作文も同じライティング活動ですが、そこで用意されている正解は1つだけです。その一方で、この活動はゼロから自分独自のエッセイを作成するため、正解は存在しません。そのため、生徒が書き上げた作品にはそれぞれ個性が滲み出ていて、良い作品を仕上げたいと意欲的に取り組む生徒が多かったように思います。これまでの研究も、学習者が様々な種類の関連した文章を読むことによって、ライティングの手法についての洞察を得ることができ、リーディングとライティングの2つのスキルを統合する重要性は多くの研究で指摘

されています。リーディングをインプットだけで終わらせるのではなく、指導者がうまく関連付けることによって、コミュニケーション能力育成につながるアウトプット活動ができると考えています。

3) スピーチ・プレゼンテーション

　最後に紹介するアウトプット活動は、スピーチ・プレゼンテーションです。中学校3年生の週2回の授業を、日本人とネイティブ・スピーカー教員がティームティーチングで担当し、生徒は150〜200語のエッセイ作成、3〜5分間のスピーチ披露が課されます。今回設定したテーマは "An Important Person in My Life" で、自分の人生で最も重要な人物1人について書かせました。

　まずはフリーライティング(頭に浮かぶアイディアをノンストップで書き続けること)の活動で重要人物をできるだけ多く列挙し、各々の人物が重要な理由をペアで説明させます。その後、生徒は下書きを2回作成し、私とネイティブ・スピーカーの添削を経て、清書を完成させます。また、エッセイ作成と並行して、英語のスピーチの技法についても考えさせます。具体的には、米国アップル社の元CEOである故Steve Jobs氏や、2020年の東京オリンピック誘致のプレゼンテーション映像を見せました。その後、これらが魅力的な理由をクラス全員で議論・共有し、自分のスピーチを魅力的に見せるためにはどうしたらよいか考えさせました。生徒は本番のスピーチに向けて熱心にリハーサルに取り組み、単に暗記して話すのではなく、ジェスチャーを交えたり、その人物の写真等を用いてスピーチをする生徒も多く、この活動は中学3年間のアウトプット活動の集大成になりました。

　生徒からは、「これまで人前で話すことが苦手だったけれど、この英語のスピーチで自分に自信がついた」という意見を聞くことができました。中学生ながら、与えられたテーマについて1から文章を書き、それについて独創性溢れるスピーチを披露することで、達成感が得られたよ

うです。

　私が中学の授業で実践した3つのアウトプット活動を簡単に紹介しました。これらのアウトプット活動を通して、生徒全員が英語学習に対する意欲を高め、私の授業をきっかけとして、英語好きの生徒が一人でも多く生まれてくれることをいつも願っています。

2　実践3　中学生の苦手意識と意欲喚起の狭間で　北岡　常彬

1) カリキュラムに関する資料と導入

　立教新座中学校英語科では、中学2年次に週5時間の授業を展開しています。その内訳は、週3時間の英語①と週2時間の英語②となっており、英語①では1年次から行っている検定教科書を用いての授業を行っています。英語②では指向別選択制の授業を展開しており、「総合英語」、「英文読解」、「英語表現」、「基礎英語」の4コースを設置しています。中学2年次3学期に希望調査を行い、生徒が自分の得意分野の力を伸ばしていくこと、興味のある分野をきっかけにしてさらに深く英語と関わっていくことを狙いとしています(新座中高のカリキュラムの詳細は第2章3)を参照)。以下に各コースの概要を記します。

英語②の講座名とその内容

番号	講座名	内容
1	総合英語	英文解釈、文法、単語、リスニング等を総合的に学習し、英語力の向上をはかります。
2	英文読解	比較的長い文章(物語・エッセイ等)や洋書を読み、英語を構造的に読む力を養い、読解力を高めます。
3	英語表現	様々な英語の表現を覚えながら、段落やエッセイなどの文章を書き、ライティングでの自己表現能力を高めます。
4	基礎英語	1〜2年次の復習をし、英語の基礎学力を養成します。※ただし、この講座は2年次2学期の成績が2以下の者は必ず取ることとする。

第4章　実践から生まれた理論的な関心　117

　ここでは、私が2009年度に担当した「基礎英語」クラスで生徒たちの意欲を喚起するために行った実践を報告します。英語②はコース別選択ではあるものの、上記の表にもあるように、基礎クラスは補習的な部分に重点を置きます。したがって、基礎クラスに関しては中学2年次2学期の成績が、5段階で評価「2」以下の者を対象とするため、例外はあるものの、他のコースを希望する場合であってもなるべくこのコースを受講するよう指導しています。小学校から英語を学んできた生徒、中学校から英語を学んでいる生徒と学習歴に違いはあっても、この段階で英語学習に対して何らかの困難を感じている、あるいは英語に対して苦手意識を抱いている生徒を対象とします。2009年度は、学年を2ブロックに分けて解体授業を行い、合計41名が基礎英語を受講しました。

　授業を始めるにあたり、自由記述という形で「英語学習に対して何を考えるか」、「今後どのように英語と付き合っていきたいか」などを書いてもらいました。なかなか普段は口には出さないけれど、それぞれ考えていることはあるし、英語を頑張ってできるようになりたいという前向きな気持ちを持っていることが伝わってきたので、彼らの期待に何としても応えなければいけないと思いました。多くの生徒たちが書いていたことを以下に箇条書きにします。

- 英語ができるとかっこいい
- 全然できないけれど、英語が嫌いというわけではではない
- みんなの前で声を出したりすると間違えるのが嫌だ
- 単語を覚えることが苦手だ
- 発音が難しくて、みんなの前で声に出すことに抵抗を感じる

　これらは、決して特殊な意識／感想ではなく、全国の多くの中学校でも聞こえてきそうなものばかりです。数年経験してきた英語学習の中で「つまずき」を解決できず、自信をなくしてしまい、「苦手意識」を覚え、

次第に学習意欲が低下していくというのは、自然の流れであるように思えます。誰だってできないよりはできた方が良い、叱られるよりは褒められた方が嬉しいし、また頑張ろうと思うでしょう。そのため、私は、前に進もうとする気持ちを持ちながら、なかなかきっかけをつかむことができないでいる状況を、少しでも変えることや、英語に対して少しでも楽しい、やればできるんだという肯定的なイメージや実感を持てるようにすることを最重要課題として、毎回の授業の冒頭で声を出してウォーミングアップを行うことを心がけました。

2）学習意欲喚起に関するプレゼンテーション
発音に関しての取り組み

　英語（母語）話者にとっては簡単なことと思えるかもしれませんが、単語を身に付けるということは、生徒たちにとってはとても大変で、綴りと発音が乖離している英語という言語を学ぶ者にとって非常に困難な作業です。読み方がわからなくても読まなければならないでしょうし、しかも意味も覚えなければならない作業ですから、小さなことでもきっかけを作って抵抗感を軽減していきたいと考えました。「難しい」とか「わからない」で片付けるのではなく、英語の何が難しいのかを簡単に説明しました。「英語を学ぶ者は、誰もが単語習得において同じ苦労をしている」ということを理解させることが重要でした。英語の語彙が豊富な点は英語の大きな特長であり、外来要素は本来語に対して86％もあり、言語数は50カ国語以上から借用しているという点も簡単に説明しました。

　私たちが使っている日本語から英語になった言葉もあるので少しでも身近に感じることができればとの思いから、年間を通してたくさんの単語を提示し、意味当てゲームや読み方ゲームを行いました。

　例えば、tycoonの由来はとか、ginkgoは何を表すのだろうかということを考えさせ、いろいろな発想を共有できることが大切であり、少しで

も思ったことを言える環境を作ることと、間違うことが当たり前という雰囲気を作るよう心がけました。

また、*Genius English-Japanese Dictionary*（2nd edition）（大修館、1988年）の中に収められている約76100語のうち、正しい発音がわかりにくい語彙や日本人が頻繁に誤って発音してしまう語彙には〈発音注意〉と注記されており、その数は333語ありました。その語彙をアルファベット順に載せたリストを配布し、「日本人はみんなこれらの語彙に苦戦する」からみんなで読めるかトライしてみようと試みました。

　　aisle island
　　climb comb dumb limb thumb
　　coup corps
　　enough rough tough

上記の単語は数例ですが、自由に発音させて、ある程度時間をおいたら正解を与え、由来や変遷を説明する。それを繰り返し行ったところ、生徒はルール（音韻規則）を発見し、combの-mbはbの音を発音しないということを発見し、limbを読むときは一発で読むことができました。

授業のウォーミングアップとして、綴りと発音に関する規則性を帰納的に考えさせるような活動を毎回取り入れたところ、声を出すことや、人前で英語を話すことに苦手意識を持っていた生徒たちが、非常に明るい反応を示してくれ、間違っても良いという空気がクラス内で共有できると、積極的に声を出すもので、全体の空気を作る上で効果的だったと思います。

3）まとめ

中学段階で英語を嫌いになってしまうと、高校や大学につながらないのではないでしょうか。そのため、中学段階では、意欲喚起ということ

も重要ですが、苦手意識を作らないようにどれだけ教員が働きかけて支援できるのかが大切だと感じています。中学校では、英語の発音、語彙、文法などの基礎・基本を徹底することが必要であると考えます。英語教育では、とかく英語を得意とする人たちの層を対象とした議論が多く見られますが、本当に大切なのは、英語に対して背を向けてしまう生徒たちと、どのように向き合うのかということだと思います。

　また、英語話者は1語1語を分析しながら、規則を思い出して発音するわけではなく、慣習化されているため自然に話していると思いがちですが、新語に出くわしたときなどは、音韻規則に基づいて発音をする場面が多いため、音韻規則がかなりの程度で機能していると考えられます。このように、話者の中に、音韻規則は生きた知識として現実場面で作用しているので、学習者にその規則を気づかせて、身に付けさせるという指導法は有効だと考えます。

2　CEFRについての研究から
（CEFR＝ヨーロッパ言語共通参照枠）

綾部　保志

1　CEFRについて

　読者の中には、「ヨーロッパ言語共通参照枠」(Common European Framework of Reference for Languages; 以下、CEFRとします) という用語を聞いたことがないという人が多いのではないでしょうか。CEFRとは、言語教育のカリキュラム作成や評価基準に関する、各国語共通の参照枠組みです。CEFRでは、学習者の言語の熟達度を「〜できる」という形で示した「能力記述文」('Can Do' descriptors) があります。日本でも文科省によって「CAN-DOリスト」というものが推進されているのでCEFRのCan Doと同一視しがちですが、ここでは両者を区別するために、日本の「CAN-DOリスト」を"CAN-DO"、CEFRの能力記述文を"Can Do"と表記します。以下ではまず、CEFRが生まれた欧州の歴史的背景と理念を解説します。次に、日本のCAN-DOとCEFRのCan Doの違いを明らかにした上で、CEFRをどのように実践に結び付ければよいのかを検討します。

　すでに本書の「はじめに」(鳥飼玖美子) や第2章1「英語教育研究会(ワーキンググループ) のあゆみ」(西村正和) で記されているように、私たちの研究会では2012年頃からCEFRの研究を始めました。その機会に進めることのできた研究やグループの議論が、この小文の基礎になっています。

1) 思想と理念をもつCEFR

　CEFRは、欧州評議会(Council of Europe) が中心となり、欧州内外から

の専門家によって1972年から2001年の間に開発されました（総頁数は200頁を超えます）。歴史的に見て、欧州は、2度の世界大戦／総力戦（ファシズム／ナチズム／人種主義／植民地主義）への反省から、不戦共同体の構築を目指してきました。国民国家の限界性を見出し、国家間の流動性を高めるため、政治、経済、文化などの「障壁」を取り除き、相互理解を高めて、国家／民族間の〈統合〉を標榜しています。その基盤には、伝統的な価値観である人文主義／人道博愛主義／人間平等主義があり、人権や市民権、法の支配と民主主義に特段の意識が向けられ、〈多様性における統合〉(united in diversity)という標語を掲げています。かつての古典主義的な標準化教育（ラテン語のような「古典語」教育や、国民意識形成のための「母語」教育）の反省の上に立ち、個人の言語に対する権利（言語権）を融合させた複言語主義を共通の目標としています。

　CEFRのもう1つの特徴は「行動志向」(action-oriented approach)です。これは、特定の状況下で求められる言語行動能力を表します。現代欧州では国家間の移動を促進するために、学習者の経験や技能を明確にする必要があるので、能力記述文が「〜できる」という文体になっているわけです。CEFRは、誰もが参照できるように作られているので、特定の教授法や評価法を標準化するのではなく、それぞれの場に応じて最適化することを推奨しています（詳細は後述しますが、この点は、日本のCAN-DOと異なります）。CEFRでは、教育設計の内容（カリキュラム、評価法、指導法など）が、その関係者（検定試験運営者、教育者、教科書執筆者など）と、それを取り巻く状況と関連するものとして、一体的に捉えられています。CEFRが、包括的(comprehensive)、明示的(transparent)、一貫的(coherent)であると言われる所以は、ここにあります。40年もの年月をかけて開発されたCEFRは、言語に絡む諸相を広く描き出すために、言語理論や言語思想、延いては、教育学的側面、社会文化的な範疇にまで踏み込んで構想されているのです。

2）CAN-DOリストで夢の実現⁉

　次に、日本のCAN-DOを概観して、CEFRのCan Doとの違いを見ておきましょう。

　CAN-DOが日本国内で流行している理由は、文科省が2013年に公表した『各中・高等学校の外国語教育における「CAN-DOリスト」の形での学習到達目標設定のための手引き』(以下、「手引き」とします)の影響です。トップ・ダウンで全国の中高に対しCAN-DOを作成し、それを「到達目標」として設定することを求めています(1章を参照)。CAN-DOは単純で分かりやすいので、「夢リスト」、「宝の地図」などと称揚されることもありますが、「到達目標」を設定することに対しては慎重でなければなりません。到達目標の設定は、共通の「到達点」が示されることで、評価がしやすいため「客観的」で、短期間で成果が上げられるので「合理的／効率的」と考えられますが、教育の目標が狭い範囲の「到達点」のみに限定されるので、それ以外の複眼的な要素が排除され、成果を上げること自体が自己目的化し、実践を歪めてしまいます(合理化による非合理化)。

　CEFRにも6段階の全体尺度—上から、「熟達した学習者」(Proficient User)がC2, C1、「自立した学習者」(Independent User)がB2, B1、「基礎段階の学習者」(Basic User)がA2, A1—と、その下位尺度として幅広い能力記述文があるので、一見、日本のCAN-DOと、CEFRのCan Doに大差はないように思えます。しかし、CEFRが日本のCAN-DOと決定的に違うのは、CEFRは単純に「到達目標設定の道具」として構想されているわけではないということです。CEFRには能力尺度だけでなく、学習の補助となる体系的な資料・情報が載っています。CEFRの最大の特長は、この全体性／包括性にあります(「手引き」と比較すると、CEFRの壮観さに驚かされます)。日本のCAN-DOは言語に関する理論や哲学がないので、CEFR本来のCan Doとは似ても似つかぬものなのです[1]。よって、

1　和田稔「CEFRから学ぶ英語教育」『第10回立教学院英語科教員研修会』立教学院WG、2014(未刊)。

CAN-DOリストを作成する場合にも、事前の準備段階として、あるいは、成果主義／ノルマ主義に陥る危険を回避するためにも、CEFRを参照することは有益でしょう。

　では、CEFRに書かれている知識や技能などの記述内容を確認してみます。「言語コミュニケーション能力」(communicative language competences)が、語彙、音韻、形態・統語などの「言語構造的能力」(linguistic competences)、談話の結束性と一貫性などの「語用論的能力」(pragmatic competences)、世代、性、階級などの「社会言語的能力」(sociolinguistic competences)に分類されていて、パラ言語（ジェスチャー、表情など）を含む「非言語コミュニケーション」(non-verbal communication)や、メディア（テレビ、電話など）、テクストタイプ（演説、儀式、面接など）も関連する能力として記述されています。これらを補完する能力としては、世界に関する知識である「叙述的知識」(declarative knowledge)、慣習などの「社会文化的知識」(sociocultural knowledge)、個人の態度や動機などの「実存論的能力」(existential competence)、「異文化に対する意識」(intercultural awareness)、学習能力を含む「一般的能力」(general competences)が、それぞれ定義されています。さらに、言語使用（短縮して「語用」と言います）と言語使用者にも目が向けられています。例を挙げると、コンテクスト（領域、場所、関係者、事物、出来事など）、コミュニケーション活動（ノートを取る、テレビや映画を見るなど）、コミュニケーション方略（説明を求め与える、スキーマを使うなど）などが詳細に取り上げられています。

　以上のように、少し列挙しただけでも、CEFRが、単によくあるタイプの偏狭な「到達目標リスト」などではなく、どれほど射程が広く、言語やコミュニケーションに関わる諸局面を網羅的、鳥瞰的に記述しているのか、そして、長年の歳月をかけて開発されたパノラマ的な参照枠なのかが理解できます。CEFRのCan Doには学習者や教育関係者を補助する包括的な資料がありますが、日本のCAN-DOにはその性質が皆無なのです。もちろん、言語は、人間社会全体に関わるので、CEFRで

あっても、その全てを描ききれているわけではありません。けれども、理論的、理念的な基盤がとかく見失われがちな現代において、一定の説得力を持っていると言えるのではないでしょうか。

3）行為と分析と評価を一体化させる

では、CEFRを教育実践に活かすためには、どのようなことに留意すればよいのでしょうか。CEFRを「評価ツール」として使う手法は多く発表されていますが、筆者は、CEFRを言語コミュニケーションの「分析ツール」としても参照することが有用と考えています。以下に、CEFRで提示されている「言語構造的能力」、「語用論的能力」、「社会言語学的能力」について、言語学、語用論、コミュニケーション論という学問分野から分析例を取り上げます。この作業を通して、CEFRの記述内容をコミュニケーションの理解に活かす手法を例示します。

まず、言語学的に見れば、言語は「文法」と「語用」から成るものと考えられています。「文法」というと、狭義の文法的規則を思い浮かべるかもしれませんが、言語学でいう「文法」はもう少し広く、音韻、形態、統語、意味論などの言語構造全般を指します。言語構造を理解できると、「何が言われているか」(意味)が分かるようになります。分かりやすい例として、次の日本語を分析してみます。たとえば、ある上司が机を叩き、部下に大声で「おまえ、これ、一体全体何なんだ！」と言ったとします。言語コード(形式)に着目すると、上司の「おまえ」という二人称・単数・下称の呼びかけ語は、話者の権威を相手にかなり強く表示する語です。その他に文全体を強調する副詞(「一体全体」)が使われ、口語体で、語末に撥音便化「ん」が見られ、丁寧体ではない普通体(「だ」)と、疑問符ではなく感嘆符(！)が表出しています。このように言語形式が分析できると、(直感からではなく、)論理的に発話の意味を導き出すことができるので、「文法的正確さ」(accuracy)を高めることにつながります。

次は、言語のもう一つの側面である「語用」に着目します。言語使用

者の立場から語用を研究するのが「語用論」(pragmatics)という分野です。上記の例では、部下（聞き手）の立場から見れば、さまざまな応対をすることが可能です。例えば、下を向いて無言で沈黙することもできます。もし「謝罪」をするなら、「申し訳ございません。私の責任です。」と明示的に謝ることもできます。他にも、「コンピューターが壊れたので、仕事ができなかったのです。」と理由を説明したり、「損失分は、私が全て負担します。」と補償を申し出たり、「もう二度とこのようなことが起こらないように、以後、気をつけます。」と自制の約束をしたり、これらの方略を組み合わせて、より丁寧度の高いフォーマルな謝罪をすることもできます。このように、言語形式だけでは説明しきれない、発話行為の機能（言語表現や語用条件／効果）に焦点を当てることが語用論の見方であり、「語用的適切さ」について考えることは相互理解を行う上で欠かせない視点です。

そして、「文法」と「語用」を含めた相互行為全体を重視するのが「コミュニケーション論」という分野です。言語構造や言語機能は、主に「言われたこと」(what is said)を中心に捉えるのに対し、コミュニケーション論では、「為されたこと」(what is done)にも考察の対象を広げます。コミュニケーションを分析する時に大切な視点があります。それは、言語外の情報である「コンテクスト（状況）」を捉えようとすることです。前記の例でいえば、参与者たちの表情（深刻さ）やジェスチャー（机を叩く）といった「非言語」、「これ」という指示詞の言及指示対象（部下のどのような落ち度か）、「上司／部下」という社会的な権力関係（上／下）、相互行為が行われる場（形式性の高い「会社」）、言語の使用領域（公的／職業領域）など、相互行為を構成するコンテクスト的な条件を考慮することです（以上から分かる通り、「コミュニケーション」と言っても、人間の直感や感情を中心に考えているのではなく、言語（形式／意味）と行為／出来事に関わる社会文化的な範疇に基づいて人間（同士の関係性）を分析する点を注記しておきます）。

4) まとめ

 以上により、言語は、①形式や意味に関わる言語学的な視点、②使用者に関わる語用論的な視点、③相互行為に関わるコミュニケーション論的な視点、これら三つの角度から探究できますが、これらはCEFRで定義されている①言語構造的能力、②語用論的能力、③社会言語的能力と、ある程度、親和性をもちます。よって、すべての言語教育で、本節で示したような言語分析やコミュニケーション理解に基づいて、3つの能力にどのように焦点化できるのかが大きな課題となります。相互行為の過程では、言語構造／表現やコンテクスト的要因が複雑に介在しています。言語／文化的な前提知識が少ない外国語を学習するときに、こうした要素を意識することができれば、相互理解を促進する上で大きな助けとなるでしょう。

 上記の例で示したように、言語（文法や語用）やコミュニケーションを理解する「分析ツール」としてもCEFRを参照すれば、より可能性に満ちた授業実践へと結びつけられることが期待できます。言語やコミュニケーションについての根本的な洞察をどれだけ深められるか、そのような目的に向かって語用行為をどれだけ実践できるのかが真に重要です。現実の言語コミュニケーションの諸局面に照射するためには、「包括的な視点」が必要となり、そのための参照枠の一つとして、CFERの利用価値は十分にあります。

2　CEFRを学んで

 前節ではCEFRの予備的な解説をおこない、CEFRと比較した場合「空疎」とも言える日本のCAN-DOリストとの違いを確認しました。
 ではヨーロッパの枠組みであるCEFRをそのまま日本の一貫教育校に導入すればよいかというと話はそう単純ではありません。CEFRは利用

者が、自らの実践を再吟味するために利用する「参照枠」ですから、そのままの形では使えません。必ず、利用者自身の手によって内容を再構築する必要があります。そのためCEFRを学んでからが本当に重要です。先にも触れましたように、筆者は約2年間WGの定例会でメンバーたちとCEFRを読み意見交換を行いました。この経験に基づきここではCEFRを現実に活かす方途について筆者なりの再解釈を試みます。

1）CEFRを組織内の対話促進のために参照する

　日本国内でもCEFRを基にした統一カリキュラムを構築する大学が増えてきています。日本語教育にCEFRを取り入れた『JF日本語教育スタンダード2010』や、CEFRの日本版であるCEFR-Jが2012年に公開され、徐々に大規模な教育機関や研究機関でCEFRの認知度は高まっていると言って間違いないでしょう。しかし比較的規模の大きな教育機関や行政機関に関わる人々を除けば、筆者が知る限り初等中等教育の現場では、CEFRについては詳しく知らない、あるいは全く知らないという声を多く耳にするので、小中高の教員にはあまり知られていないのが実情かもしれません。

　一般的に言って人間は異質／未知なものに対しては「恐れ」や「不安」を抱いて遠ざけようとしがちなので、CEFRをあまり知らない人は、「CEFRを学ぶ意味はあるのか」、「難しくて理解できない」、「欧州の枠組みだから、日本には無関係」などとよくある短絡的なレトリックで「距離」を取るかもしれません。あるいはCEFRのような得体の知れない超国家的な枠組みに対して、無意識のうちに「抵抗感／拒否感」を覚える人もいるでしょう。筆者も恥ずかしながらCEFRを学ぶ前は、中等教育（中高）にはあまり関係がないだろうというある種の先入観にとらわれていました。

　しかし学び始めてみると、日本国内ではCFERの根幹であるはずの理念や言語の記述体系が覆い隠され、6段階（A1, A2, B1, B2, C1, C2）の尺度

とCan Do評価だけが注目を浴びて一人歩きしている状況に危機感を募らせました。現代日本の英語教育政策の特徴は、外に「脅威」（グローバル化）を見出し、内で「単一言語（英語）の標準化」をトップ・ダウンで推し進める極めて単純な構造です。目標とする人間像は「英語が使える日本人」の育成で、第3次産業／情報産業で活躍できるビジネス・パーソンの養成を最終形として、そこから逆算的に大、高、中、小と段階別の「到達目標」を設定し、CAN-DOを使って基準化しようとする理念不在の施策です。

　こうした実利主義的な政策に翻弄されず、教育内容に責任を持つためには、教員が体系的な知識技能と慧眼をもつ「専門職」(profession)として、言語教育／政策に関わる諸概念や個別事象を言語教育の枠組みで説明（同定）し、社会に向けて問い直すことが必要なのではないでしょうか。本書は、その試みの一つと位置づけられます。CEFRは以前よりも広い視野を獲得できるように利用者の認識を広げ、エンパワーしようとする志向性をもっているので、多方面にわたる記述が「難しい」と感じるかもしれませんが、「難しさ」と「正確さ」は正比例するので、分かるところから、何か実践に役立てられそうなことを掴めればよいと思います。CEFRを実践に活かすためには、組織全体のカリキュラム改革が必要との考えもありますが、まずはCEFRを同僚や関係者たちと定期的に読み、内容を発表したり、意見交換をしたり、講演会やワークショップを開催するような取り組みを薦めます（筆者の勤務校での一貫連携教育構築の取り組みについては、鳥飼・寺﨑編『英語の一貫教育へ向けて』東信堂2012を参照）。以下には、そのようなボトム・アップの活動を通して、私が学んだ授業実践に活かすための3つのポイントを紹介します。

2) CEFRの理論研究から考えた授業実践
1　対話、相互行為、5技能
　英語教育でよく耳にする「英語力」の構成要素として、いわゆる「4技

能」があります。その内訳は「聞くこと」(listening)「話すこと」(speaking)「読むこと」(reading)「書くこと」(writing)です。言語メッセージを「情報／信号」のようにみなし、合理的な情報伝達とスキル・パフォーマンスの向上が目標となります。他方CEFRでは言語能力の構成要素が「5技能」で捉えられています。(「話すこと」が「発表」(spoken production)と「やり取り」(spoken interaction)に分けられています)。これは狭い意味では我々が「ことば」を使うとき、アナウンス伝達やスピーチなど一方向的なモノローグとして話すだけではなく会話や議論など、相手と双方向的にダイアローグ(対話)を行うという考えに基づいています。より広い意味では我々の「ことば」には、他者の「ことば」が媒介しているということを意味しています。

　後者を説明するとCEFRで唱えられているように、人間は誰もが「社会的な行為者」(social agent)です。我々は無人の空間に生息しているわけではありませんので、自分で新しい言語を勝手に生み出すことはできません。個人に対して必ず特定の社会の方が先行しています。我々はその中で社会化しているからこそ、特定の言語を使えます。この意味で我々の「ことば」には、それに先行する他者の談話や言説が含まれる、言い換えれば自己の「ことば」の中には、他者の存在(社会集団やその歴史)が認められるということになります。

　例えば我々が言語を使うとき、地域／社会方言、階級、ジェンダー、年齢、スタイルなどその人物の社会的アイデンティティを示す「言語差」(language variation)が刻まれています。さらにそれは「受け手」(他者)によっても特定の解釈を受け、価値(意味)づけられます。つまり我々が使う言語は、他者の存在を前提とし、他者によって作り変えられもするので、個人的側面と社会的側面の両方の緊張関係の間にあると考えられます。

　教育実践で「対話」を重視するとき、狭隘な情報伝達活動に終始するだけではなく、上述したような、他者に対する多角的な認識の芽生えを培う視点へと教育目標の価値を深められるでしょう。教える側は学習者

に「自分のことばで言いなさい」などと他者から切り離して「ことば」を抽出しようとしがちですが、時には発想をかえて、「内なる他者」との対話によって編み出される「自己のことば」に、「他者のことば」がどのように映し出されているのか、それはどのような人物や社会集団に向けられ、実際にどのように解釈されたのかなどについて話し合う機会をもつとよいでしょう。それは私のこの文章が少なからずこれまで文献で学んだ人々の「ことば」でもあり、それを「今・ここ」で読んでいる「あなた」がどのように解釈するのかという一連の対話的プロセスだと考えることです。4技能を5技能へ伝達を対話へつなげると、実践がより興味深いものとなるでしょう。

2 Can Do、自律的学習、メタ認知

　筆者は前節で例証したようにCEFRを分析ツールとして利用しながら、到達目標としてではなく、学習者自身による自己評価のためにCan Doリストを参照するならば教育効果を高められると考えています。Can Doの利点は、学習者に行動の目標／活動／振り返りのプロセスを自己評価／自己省察させられることです。生徒が授業で英語に触れる時間はごく僅かですから、学校の授業だけで英語を使えるようになることは難しく、授業外でも、そして学校を卒業後も、継続的に学習を進めることが不可欠です。英語教育の分野で「動機づけ」(motivation)と合わせて、「自律的な学習者」(autonomous learner)を育てることが重視されているのは、このためです。

　動機づけと自律的学習を認知面から考えてみると、一般的に学習者は学習内容を「わかる／できる」と思ったときに、楽しさを感じて学習に取り組み、自己の能力が他者に認められたと感じると「自尊心」(self-esteem)をもち、「英語が好き」などと意識化する傾向にあるようです（もちろんここでは社会的な要因を抜きに考えています）。そのためには、一段上の認知能力（メタ認知）に照準を合わせ、学習の目的、方法、計画、実行、

評価などこれら一連のプロセスを自己管理できるようにする取り組みが鍵となります。欧州では、学習者が自己の言語発達を認識し、生涯に亘って言語体験を記録できるように、ポートフォリオ (European Language Portfolio; ELP) が多く開発されており、生涯学習の観点から言語学習が一貫的に構想されています。

　一貫教育を考えた場合、学習の初期段階では、教育的介入 (educational intervention) の度合いがかなり大きくなるにしても、中期段階から徐々に低くしてゆき、学習者自身が学習の過程で、自己の学習スタイルやストラテジーを確立できるように支援することが重要です。したがって授業を中心とした学習の短期的な成果／評価ばかりに目を向けるのではなく、一貫教育や生涯学習の観点から、授業外も含む社会生活全体の中で、学習者がどれだけ英語学習に前向きに向き合おうとしているのかを大切にすべきです。そのような学習環境／空間を創出し、学習者が学習のプロセスを内省できるように支援することが自律的な学習の在り方であると言えるでしょう。短期的な到達目標を逆算的に設定して行動基準化するよりも、学習者自身が中長期的な視点を見据えて、学習の履歴、自分の作品、異文化体験などを記録・更新してゆき、小中高大という発達段階の中で、現在の位置や変化を自己分析／自己理解できるようにすることが重要なのではないでしょうか。欧州のように、国家を超えた汎用性をもつ統一的ポートフォリオを作成することは現実的に不可能だとしても、私学の一貫教育校や地域の公立校であれば十分実現可能であるように思われます。

3　言語と文化に関する部分的な能力と目標

　日本という文脈でCEFRが描く複合的な言語／文化能力を高めるべきかは議論の余地がありますが、本来言語と文化は不可分の関係にあると考えられます。言語は、それが使用される状況／コンテクスト、つまり文化を前提として使用されるので、言語を学習することは、突き詰めれ

ばそれが使用されるコンテクストとしての文化を学習することと同義と言えます。

　CEFRでは複言語能力と複文化能力は分けて記述されていて、一様でないことが指摘されています。例えばある言語能力に熟達していても、文化的な知識がないために、集団にうまく適応できない場合がありますし、その逆も考えられます。言語能力と文化能力に「不均衡」(imbalance)が生じるのは、生育環境や教育水準など個人の社会的な経歴が深く影響しています。言語能力／文化能力に不均衡があるのは、誰でも当たり前のことで、それは個人の変化の過程にある「部分的能力」(partial competence)の特徴です。

　従って一貫教育の観点から複言語能力／複文化主義を実践に結び付けるためには、おそらく単純に、学習する外国語の数をたくさん増やせばいいというものではなく、教師が生徒一人ひとりの言語／文化能力が多様であることを理解し、彼ら彼女らの言語／文化体験を有機的に関連付けたアプローチを採ることが大切です。言語や文化を単純に「本質化」して教え込むのではなく、私たちが他者との相互行為の中で、如何に異質性や共通性を察知してカテゴリー化を行っているのかを確認することが異文化理解を深めることにつながるはずです。そのような見地に立てば、多くの言語／文化体験を積み重ねて、個人の言語／文化能力を、より複合的で豊かなものにしてゆくという、多様でありながらも、一貫した言語／文化学習の道が拓かれることになるでしょう。言語学習の醍醐味は、そのような営為にあると考えられます。以上、CEFRを学んで実践に繋げるための3つのポイントを書きました。

3）CEFRの批判的な受容と実践を目指して

　最後に、CEFRを受容するときの5つの注意点を挙げて、本節を締めくくります。

1 「記述」と「規範」の峻別

　CEFRは「記述」(description)であって、「規範」(prescription)ではありません。CEFR自体を絶対視して「規範化」するのではなく、参照枠の1つと柔軟に捉え、他の枠組みに対する見方も広く吸収する必要があります。実践が画一化／固定化しないように、言語や教育に関わる全体論的な視点を意識しながら、他者に多くを学び、個別のアプローチを採用してゆくことが重要です。

2 英語教育界の社会政治的なコンテクスト

　CEFRだけでなく、個々の実践を枠付ける制度的／政策的なシステムが、政治的関係を有する社会的文脈の中で、どのような人々によって利用されているのかを注視しましょう（しばしば英語教育界では、教育政策が、政治家、財界人、御用学者などによって策定されるため、「政策／制度」と「実践／実態」に大きな乖離が生じています）。ある学校／機関に「政策的枠組み」と、多額の予算が移入され、そこでの実践が「好事例」などと報告され、周辺校やメディアによって「最先端モデル」などと参照・引用(称揚)されてゆくのは、英語教育界で見られるコンテクストの変容過程の典型的なパターンです（このような相互依存のプロセスを経て、利権体制が構築される傾向が間々見受けられます）。教育界の政策的動向を冷静に見極める必要があります。

3 「一貫性」と「多様性」のバランス

　カリキュラムは「多様性」を保ちながら、「一貫性」の確立を目指すことが肝要です。教育改革は組織統括を行う「研究センター」などを設置して、中央に権限を委譲し、その意思決定を反映させる体制を作れば、政治的には可能となります。しかし、豊かな教育活動を行うためには、個々の実践者の判断力や創意工夫が生かせる「隙間」を十分に作っておかないと、同化圧力や管理主義が蔓延り、「多様性」を押し潰して「標準

化」してしまいます。没個性的な教師が溢れるフランチャイズ化した学校は魅力的ではないでしょう。「一貫教育」は、個々の取り組みを尊重しながら、相互交流を促進し学校間の協力体制を緩やかに形成すべきです。そのため立教では「一貫連携教育」と呼んでいます。

4 欧州でのCEFRの現実的な効果

　CEFRが理念レベルで複言語／複文化主義を謳っていても、それが欧州諸国の実態／現実レベルで、どのように機能しているかは別問題です。CEFRの理想や理論をただ闇雲に礼賛するのではなく、社会文化空間の実態に目を向けなければなりません。CEFRは理念的には、平和構築、人権擁護を基調としていますが、たとえば、欧州とは異なる文化圏の、政治経済的な基盤を持たない人々（移民や外国人など）に対して、CEFRによる教育の効力がどのように機能しているのか、さらには、CEFRやELPを利用して複数の言語を自在に操り、国家間を越境できる個人／集団とは一体どのような人々なのか、これらのことも問われなければならないでしょう。

5 CEFRの中での「英語」

　言語について包括的な記述をしているCEFRですが、個別言語の中身については、あまり多くの情報がありません。「英語」に特化した参照項目を提供すべく、ケンブリッジ大学などによって「学習者コーパス」を用いた、語彙や文法などのレベル別の記述を目指すEnglish Profile Programmeという研究が進められているので、その研究成果に注目してゆく必要があります。言うまでもないことですが、教育実践の効果は、教育活動に直接向き合う者たちによって生み出されるので、英語教育を生業とする私たちは、絶えず「実践者／行為者」として「英語」と「教育」に関わる研鑽を積み重ねてゆく必要があることは贅言を要しません。

第5章
成果としての卒業生

〔編者コメント⑤〕
　第5章では、立教学院を卒業して社会に出た5名に、立教で学んだ英語について寄稿してもらいました。
　職業も専門分野も異なる5名の共通項は「立教が送り出した人材」という点です。ここから一貫連携のヒントが得られるかもしれません。それぞれの文章の末尾には、立教在学中の恩師による一言コメントも添えられています。

1　「ありかた」を育む英語教育　　　　　　　　　　　　樋口　宏
　　　コメント（東條吉純）
2　立教学院の英語教育から頂いたもの　　　　　　　　　中田　達也
　　　コメント（鳥飼玖美子・初瀬川正志）
3　立教での英語コミュニケーション経験　　　　　　　　副島　智大
　　　コメント（初瀬川正志）
4　気楽にエイリアン　　　　　　　　　　　　　　　　　武井　大
　　　コメント（林　壮一）
5　在学生の視点から見る立教学院の英語教育　　　　　　千ヶ﨑祥平
　　　コメント（初瀬川正志）

1 「ありかた」を育む英語教育

樋口　宏

（立教大学法学部2006年卒業）

「グローバルに、社内外で切磋琢磨しながら、大きなミッションをもって働く」。

学生時代、就職活動時、そしていま現在と心の「ありかた」を振り返ると、立教学院で受けてきた英語プラスアルファの教育が大きく影響していたことに気付かされます。16年間の過程で受けてきた英語教育と知的好奇心が、今に至る自分にどう体系づけられてきたかを、ステージごとに振り返ってみます。

立教小学校時代は、音楽やリズムを通じて英語に対して好奇心を持ち、感性を豊かに育みながら多くの表現を覚えることができました。母がピアニストとして活躍していたことや、聖歌隊に所属して欧米の教会音楽を感じていたことは、英語の吸収力を大きく向上させることができました。ここでは、英語そのものや異文化という環境に対して好奇心を持ち、加速させるうえで、よい第一ステップを踏むことができたと思っています。

立教(池袋)中学校時代は、通常の授業の他に、帰国子女向けの英語プログラムに所属して、ネイティブの指導のもと言語・異文化の刺激を受けました。私は帰国子女ではなかったのですが、試験を受けさせていただき、幸いにも参加する機会に恵まれました。中学校3年生のときに参加したアメリカキャンプでは、外国人とのコミュニケーションが思っていたほどにうまくいかないという挫折を味わいました。一方で、ここでは、得意なスポーツ・音楽の知識やスキルを通じて、国の垣根を超えて簡単にコミュニケーションすることができるという、新しい手ごたえを得ることもできました。

立教(新座)高等学校時代は、自分なりの英語学習のスタイルを確立・

第5章　成果としての卒業生　139

体系化することができました。英語検定やTOEICの勉強を行いつつ、そこで覚えた言い回しや単語をネイティブの授業の会話のなかで使用するというサイクルを回し続けることができました。自然と頭と耳が繋がり始めたのもこの頃です。また、夏期休暇中に英語の日記を書いて、先生に添削を依頼し続ける等、自発的にテーマをもって学びの機会を求め、先生方や他の方々から引き出していくというスタイルを身につけました。

　立教大学では、今まで積み上げてきた英語や異文化理解に関する経験値を積み上げることができました。具体的には、以下の2点をテーマとして学びの機会を求めました。

①「グローバリゼーションのなかの東アジアにおける日本」のプレゼンスを理解・提言する。

　大学では、論理的思考能力と、国際関係を学べる法学部に入学して、グローバリゼーション下の国際政治・経済に関するテーマを専攻しました。グローバリゼーションのなかの東アジア・日本のプレゼンスに興味を持ち、国際取引法・国際経済法・国際政治等の授業を受講しました。ゼミナールでは、東アジア地域主義とアメリカとの関係のなかで日本が取るべきリーダーシップについて、政治・経済の観点から学びました。見聞を広げて議論を深めるために、実践の場として、学内では中国政治ゼミナール・アメリカ政治ゼミナールとの合同討論会、学外では他大学の学生や、留学生・外国人との討論会に積極的に参加することで、思考が凝り固まるのを防ぎました。日本に留まらず、世界・東アジアのフレームワークのなかで日本の政治経済の問題を捉える習慣を繰り返すことで、物事を俯瞰してから定義づける思考パターンを身につけることができました。

②ビジネスで闘っていける、生きたコミュニケーション力を身につける。

　授業では4年間、帰国子女や留学生と一緒に、全学共通英語カリキュ

ラムの上級クラスである「英語インテンシブ」を受講して、異文化理解を深めました。立教大学は「英語の立教」という看板を打ち出しており、自分の目標であるグローバルに活躍するビジネスパーソンになるための豊富なキッカケがあったため、多くの授業を活用させていただきました。「英語同時通訳法」を学び、日本に留まらず世界で通じるコミュニケーションスキルを手に入れたり、英語で東アジア政治経済等の専門領域の議論ができるプログラムを複数受講したりと、語学に留まらず、異文化に対する自分なりのコミュニケーション・議論の手法を学ぶことができました。また、120年以上の伝統を持つ立教大学英語会のディベートセクションに入部して、時事問題について他大学と切磋琢磨していきました。論題は多岐に渡り、ASEAN＋3への東アジア共通通貨導入・着床前診断導入・教科書検定廃止・死刑制度廃止・炭素税導入・男性の育児休暇義務付けといった、政官民に関わるグローバルな論題について研究を重ねました。また、全日本学生ディベート選手権等の審判員として、公平に物事の事実関係を見極め、判断を下すという論理プロセスと相手を説得するプレゼンテーションスキルを学びました。更に、客観的に伝える能力・受け取り手の理解を深めるため、中学高校「地歴公民科」の教員免許を取得しました。自分が学んできたことを体系化して伝えるだけでなく、人を動かす力を磨くことができました。

　上記の専門領域・コミュニケーションスキルを身に着けた学生生活の集大成として、大学4年次には第57回日米学生会議に日本代表として参加しました。日本全国を1ヶ月間渡り歩きながら、東アジア地域主義とグローバリゼーションについての諸問題について、アメリカ代表の学生と議論しました。米国国務長官や日本の元首相、経営者など、歴史に残る人物を輩出したこの会議に日本代表として参加することによって、生涯切磋琢磨することのできる国内外の人々と議論する経験を与えられるだけでなく、「国際関係のなかで日本人として生きる」というアイデンティティを身につけることができました。

2006年に入社したキヤノン株式会社では、グローバルロジスティクスの管理部門に所属して、6年半、全社サプライチェーンの運用・構築の業務に携わりました。生産・販売・在庫戦略の構築と運用に携わるなかで、外国為替・世界情勢・地政学の知識は欠かすことができないため、世界の政治経済情勢を広範囲で学べたことは、大きな財産となっています。また、社内のあらゆる事業部・開発部門・生産会社・販売会社・取引先・そして官公庁に至るまで、社内外の多くの方々と共にビジネスに関わる環境を与えていただけたことは、恵まれた環境であったと感謝しております。海外赴任前の1年間は、世界本社の安全保障貿易管理の業務に従事しました。世界の安全保障の観点からキヤノングループとしての貿易ポリシーを打ち出して、特定の国家やテロリスト等の懸念顧客向けビジネスや、軍事転用リスクのある製品の取扱を統制する枠組みを構築しました。本社管理部門として、キヤノン本社・国内外のグループ会社だけに留まらず、経済産業省や財務省といった官公庁を通じて他社に対しても影響を与える仕組みを構築して、世界レベルで影響力を与えることのできる使命感、役割や立ち位置を大いに感じることができました。これらの仕事を通して、「この分野で世界一詳しくなる」という気概と、「自分自身が経営者だったらいまの仕事をどのように変革するか？」という俯瞰的視点を磨くことができました。

 2013年11月にキヤノンヨーロッパに赴任してからは、欧州全域・ロシア・中東・アフリカ地域の統括販売会社としてサプライチェーンの観点から販売機会をサポートしつつ、統括本社管理部門として、貿易のコンプライアンスに関わる機能構築や、国際輸送や貨物保険戦略の立案・実行などに従事しています。海外売上比率80％であるキヤノングループのなかの最重要拠点として、更に広く、深く、また細かく業務に携わる機会を与えられています。そのなかで、自分自身独自の旗を立てて、貪欲に仕事に取り組み、価値を生み出していくことに主眼を置いていま

す。そして、「あの人のように働きたい！」「ヨーロッパに赴任した人は何であんなに楽しそうにイキイキ働いているのだろう？」「是非キヤノンで働きたい！」と思われるような人間になり、そのような環境を創ることが、今まで関わってくださった皆様への恩返しだと、決意を新たにしております。

(キヤノンヨーロッパ＠オランダ勤務)

コメント

樋口さんは語るべきことのとても多い人ですが、一言でいうと、彼は「交わる」人です。私が見るところ、彼はいつも目一杯活動の幅を広げ、かつ、それぞれの「場」の物事や人と真摯に交わる努力を怠らない生き方を実践してきました。若い方に教えられることの多い私ですが、とりわけ彼には目を瞠らされます。というのは、彼の日々の研鑽からは、一流たらんと欲する血気盛んな若き意志と矜恃を感じるからです。

本学の一貫連携教育が、彼の人格形成にいささかなりとも寄与できたのだとすれば、これほど喜ばしいことはありません。

(立教大学法学部　国際経済法演習担当　東條　吉純)

2　立教学院の英語教育から頂いたもの

中田　達也

(立教大学文学部2002年3月卒業)

　私は現在、第二言語習得に関する研究を行っています。第二言語習得とは、外国語学習に影響を与える要因や、外国語学習のプロセスについて解明することを目指す学問分野です。現在の主な研究テーマは、外国語における語彙の習得と、コンピュータを使用した外国語学習です。研究活動と並行して、英語学習書籍の執筆や、NHK「ニュースで英会話」オンラインの問題作成に携わっています。2005年〜2009年の4年半は、武蔵野大学と立教大学で、非常勤講師として英語の授業を担当しました。

　このように、英語学習・教育に関わる仕事をするようになった背景には、立教小学校から立教大学まで、16年間にわたって受けてきた立教学院英語教育の影響が多くあると考えています。現在の研究分野である第二言語習得という分野に出会ったのは、立教大学で履修した「英語教

授の理論と実践」という科目を通してでした。この授業で様々な文献を読んだり、先生にご紹介いただいた研究会に出席することで、第二言語習得研究の奥深さと面白さを教えて頂きました。また、私の現在の研究テーマの1つに、コンピュータを使用した外国語学習があります。このテーマに興味を持ったのは、立教大学で「コンピュータを使った英語学習」という授業を履修したことがきっかけでした。また、研究活動を行う上では、英語で論文を執筆したり、学会で口頭発表をする機会があります。立教大学で「英語インテンシブ」を履修し、英語のアカデミック・ライティングやスピーキングについて教えて頂いたり、立教大学在学中にアメリカ合衆国 Washington and Lee University に交換留学の機会を頂いたことが、現在の研究活動にも生きていると思います。

　立教学院で学んだ英語は、研究以外の仕事に関しても生きています。

　武蔵野大学と立教大学で英語の授業を担当する上では、自分が立教学院で受けた英語教育を参考にさせて頂くことが多くありました。例えば、立教大学で担当したライティングやプレゼンテーションの授業では、私が履修した「英語インテンシブ」の授業を目標として、それに少しでも近づくことを目指しました。武蔵野大学で担当した英語リーディング（精読）の授業では、立教高校で教えて頂いた英文構造の解析方法や、英単語の学習法を授業で紹介しました。また、NHK「ニュースで英会話」ウエブでの e-learning 用の問題作成をする上では、立教大学の「英語同時通訳法」、「英語インテンシブ」、「時事英語リスニング」、「国際政治の英語」等の科目で、時事英語について学習した経験が生きています（「英語同時通訳法」でご指導頂いた鳥飼玖美子先生が「ニュースで英会話」の監修と講師を務められており、作業をしながら当時の授業のことを懐かしく思い出します）。

　研究活動と並行して、TOEIC・TOEFL といった英語資格試験対策書籍を執筆することもありますが、私が英語試験に関心を持ったのは、立教高校在学時に立教大学の先輩から「これからは資格の時代なので、英検や TOEIC 等の資格を持っていた方が良い」というアドバイスを頂い

たことがきっかけでした。さらに遡ると、私が英語資格試験に初めて触れたのは、立教小学校の英語の授業で先生から英検をご紹介頂いたことがきっかけでした。また、私は接辞・語根を使用して英単語を学習する教材を何冊か出版していますが、接辞・語根を使用した英単語学習法を初めて教えて頂いたのは、立教高校の英語の選択授業でした。このように思い返してみると、立教学院で学んだ英語は、現在の研究や教材作成等の仕事のあらゆる面で生きていることがわかります。

「立教で学んだ英語が、今どう生きていますか？」というテーマからは少し離れてしまいますが、立教学院の英語教育から頂いたものは、英語力の他にもあると思います。それは、様々なご縁です。例えば、立教中学校で英語を教えて頂いた初瀬川正志先生には、私が東京大学修士課程在学時に英語学習に関する研究調査にご協力頂きました。初瀬川先生のお力添えのお陰で、200名を越える立教高校生に研究に参加して頂き、英語学習に関する貴重なデータを集めることができ、その成果を論文として発表することができました。また、文部科学省委嘱事業『e授業Web研修システム』の開発に携わっていた折には、初瀬川先生と立教中学校の生徒さんに、模擬授業の撮影にご協力頂きました。立教大学の「英語同時通訳法」、「海外文化研修」で教えて頂いた鳥飼玖美子先生には、NHK「ニュースで英会話」オンライン、立教大学経営学部の英語教育カリキュラム開発、書籍『TOEFL・TOEICと日本人の英語力』(鳥飼玖美子、講談社2003)など、卒業後も様々な場面でご指導頂いています。また、立教大学で「時事英語リスニング」の授業を教えて頂いた先生が私が授業を担当していた武蔵野大学にも出講されていたため、武蔵野大学の講師室で偶然お目にかかったことがあります。英語教育関係の学会に参加すると、立教大学で教えて頂いた先生と再会することもあります。このように、現在の研究や仕事の礎を作ってくれただけでなく、色々なご縁を頂いた立教学院の英語教育に深く感謝しております。

(私立大学外国語学部専任英語教員)

> **コメント**
>
> 　中田達也さんは在学中、私が担当していた「英語同時通訳法」をはじめ大学全カリ英語科目を数多く履修し、その余りの優秀さに仲間たちは「教授」と呼び、英語教員の間では「出来過ぎ君」と呼ばれていました。ところがそれだけ英語が出来るにも関わらず、中田さんは大学生になるまで海外経験はなく、彼の英語は立教小学校から中高を経て培われたものだと知った時は驚きました。大学1年次「ミネソタ語学研修」で中田さんは初めてアメリカへ行ったのですが、担当のアメリカ人教員から「タツヤは出来過ぎるから授業に出る必要はない。特別に自習をさせようか」と言われました。本人に聞いたところ「僕はアメリカに文化を学びに来たので、皆と一緒に授業を受けさせて下さい」と答えた表情が忘れられません。英語教育を専門にする優秀な研究者を輩出したのが立教の英語一貫連携教育であることを誇りに思います。
>
> 　　　　　　　（立教大学大学院異文化コミュニケーション研究科　鳥飼玖美子）

> **コメント**
>
> 　中学校時代の印象は、どちらかというと控えめだけれど、何事も確実に行う人といったところです。教職員・生徒両方からの信頼が厚く、学級委員なども責任を持って引き受けていました。演劇部に所属していたので、そんな彼もひとたび舞台に立つと全くの別人。シェイクスピアの「ヴェニスの商人」では、男装の麗人ポーシャを演じ、裁判シーンで名演技を見せてくれました。
>
> 　　　　　　　　　　　　　　　　　　　　　　　　　　（初瀬川正志）

3　立教での英語コミュニケーション経験　　　副島　智大

（立教池袋中学校・高等学校2013年卒業）

　私は立教池袋高校を卒業後、米国大学進学の道を選び、今はアメリカのマサチューセッツ工科大学（Massachusetts Institute of Technology: MIT）で勉学に励んでいます。海外の大学ですから、授業や課題、日々のコミュニケーションはすべて英語です。そうした英語での生活の基礎となっているのは、何と言っても日本で積み重ねてきた英語学習です。折角の機会

をいただいたので、立教で受けてきた英語教育が現在の生活にどのように役立っているかについて振り返ってみたいと思います。

　留学してまず感じたのは、英語の発音をあらかじめ身に着けておくことの大切さです。表現力は英語でコミュニケーションをとるうちに自然と上がっていくのですが、発音はよほど意識しない限り日々の会話だけではほとんど上達しません。自主的に練習する必要があるのですが、英語での生活に追われる中ではそうした努力はどうしても後回しになってしまいがちです。幸いなことに私は発音に関しては特に問題がなく、そのような発音に関する苦労をせずにすんでいます。これはひとえに私が立教小学校で受けた英語教育のたまものだと感じています。小学校での英語学習は体系的なものではありませんでしたが、英語の歌に触れたり、英語でお祈りをしたりすることを通じて、生の英語に多く触れることができました。おかげで英語の発音やイントネーションに幼少期から慣れることができ、今の発音につながっています。

　立教池袋中学校・高等学校でうけた教育の中では、Communicationの授業が非常に役に立っています。これは実際の4か月間の生活の中で強く感じたことなのですが、日常会話を円滑に進めるうえでは慣用表現や相槌を滑らかに言えることが非常に大切です。私は学術的な英文を読むことを主目的に英語学習をしていたため、そうした会話表現への自主的な取り組みはどうしても浅くなりがちでした。しかし、立教のCommunicationの授業では、短い会話表現や、英語での映画鑑賞などを通じて、そうした会話表現を多く学ぶことができました。

　しかし何と言っても立教で得られた経験の中で最も糧になっているのは、中2、中3、高1の3回参加したアメリカ・キャンプ・スティーブンスです。このキャンプでは、7日間にわたって現地の子どもたちと行動を共にします。引率の先生方は基本的には別行動なので、拙い英語力を駆使して自分たちでコミュニケーションをとっていかなければいけません。最初は自己紹介にも苦戦するような有様でしたが、7日間行動を共

にして様々な形で交流をすると、最終的にはアメリカ人の子供たちととても仲良くなることができ、英語でのコミュニケーションへの自信が生まれました。この経験があったため、その後3回ほど海外に行った際も、自信を持ってコミュニケーションをとることができました。そこでの積極性が最終的にはMITへの合格へつながっており、アメリカ・キャンプの経験がすべての始まりだったと言っても過言ではありません。

　コミュニケーションにおける自信ということについてもう少し思うところを述べておこうと思います。英語に限った話ではありませんが、コミュニケーションで大切なのは自信と積極性を持つことだと感じています。自信を持って相手と会話することができれば、自分の本来の英語力よりも案外伝わるものですし、逆に自信と積極性を失っていると、どれだけ高い英語力を持っていてもコミュニケーションの役には立ちません。そうした自信と積極性を得るためには、持続的なコミュニケーションの成功体験が必要不可欠です。アメリカ・キャンプはそうした成功体験を得る機会として非常に貴重なものでした。

　以上のように、立教での英語教育は、英語での積極的なコミュニケーション能力の基礎づくりとして現在の自分の生活に非常に役に立っています。海外留学という大きな挑戦の後押しをしてくれた学習環境に改めて感謝の念を表したいです。

　最後にMITでの出来事を一つ紹介しておきたいと思います。

　MITの4年生と雑談をしていたときのことです。彼女は私が日本出身であることに興味を持ち、以前にアメリカに来た経験があるかどうかを聞いてきました。私はアメリカキャンプのことを思い出し、「サンディエゴからしばらく行ったところにあるキャンプ場でキャンプをしたことがある」という話を彼女に伝えました。すると彼女は「それってキャンプスティーブンスじゃない？」と大声で叫びました。驚いたことに、彼女もまたキャンプスティーブンスの以前の参加者の一人だったのです。意外なことに、こんな直接的な形でも立教での経験とアメリカでの経験

はつながっているのです。

(マサチューセッツ工科大学　化学科)

---コメント---
　科学の分野での活躍はもちろんなのですが、国際性も豊かな副島さん。中学2年、3年、高校1年と3年間連続で海外キャンプに参加し、生徒からは「総代さん」と呼ばれて信頼されていました。現地のスタッフから「来年はアシスタントとして参加して欲しい」と言われたのですが、国際化学オリンピック出場のため実現しませんでした。しかしそのオリンピックでは見事2年連続金メダルを受賞しました。彼の国際性は、海外キャンプでも育っていたのだと思います。

(初瀬川正志)

4　気楽にエイリアン　　　　　　　　　　　　　　　　武井　大

(立教大学院理学研究科物理学専攻博士課程後期課程2011年3月卒業)

　近年まれに見る難しいテーマの原稿依頼が来たものです。というのも、私の学生時代の英語の成績は、贔屓目に見て「可もなく不可もなく」でした。その原点となるのが、私の得意とする短期集中型英語勉強法であり、「試験前の一夜漬け」とも呼ばれるものです。このような私が英語教育について論ずるのは甚だ恐縮ですが、それでも少しでも次世代の教育現場の参考になればと願い、以下を綴ります。

　私は、小学校から大学院博士課程まで計21年間を立教学院と共に歩んできました。良し悪しはさておき、紛れもなく一貫教育の「集大成」です。3年ほど前に宇宙物理学で博士号を取り大学院を卒業して、現在は放射光科学にも従事しています。海外の経歴は、在学中にスペインに2ヶ月、卒業後にアメリカに2年、あとは世界の様々な場所で不定期に開催される学会や研究会などです。科学の世界は論文執筆から成果発表まで基本的に英語が共通言語なので、仕方なくですが、それなりの頻度で英語を使用しています。

さて、海外生活の苦労話に進みたい所ですが、ある意味どうにでもなると最初から開き直っていたので、蓋を開ければ実際は本当に楽しいことばかりでした。言葉が通じないのを嘆いても仕方がないし、それを引け目に感じる必要もない事はスペインの街の人々が教えてくれました。重要な話ならさすがに相手の様子から判断できますし、極論を言えばそれ以外はただの雑談です。また、スペインに比べれば英語を第一言語とするアメリカなど快適そのものです。私の場合は言語自体が仕事でもないので、研究における目的を達成できれば何でも良いのです。ただ、アメリカで上司や同僚に慣れない日本語を話してもらうよりは、こちらが下手な英語を使用する方が、仕事の上では遥かに効率的です。その状態で2年も英語圏で生活すれば、政治や他分野の話はまだ難しくとも、それこそある程度の雑談くらいなら出来る様になるものです。

　主題に戻るとして、では学生時代に学んだ英語が具体的にどの様に生きているのでしょうか？　今のところなんとか仕事もこなし、行き当りばったりでも充実した海外生活を満喫しているのですから、英語学習は立派に実を結んでいると言えます。小学校の低学年からネイティブの先生と英語に慣れ親しんだのが功を奏したのか、海外生活に対する精神的な敷居も（その実力とは裏腹に）全くありませんでした。また、大学院で英語を含めて私を鍛えてくださった指導教官や共同研究者にも本当に感謝しています。さらに加えるなら、「可もなく不可もない」卒業生でそれなのだから、立教学院英語カリキュラムの潜在能力の高さも窺い知れるところです。もっと学生時代に勉強していれば、おそらくはカフェで偶然となりに座ったビジネスパーソンと流暢な英語で話に花が咲き、なんだかんだ色々あって今頃はアメリカンドリームを掴んでいたに違いありません。

　というわけで、私としては正直なところ、現在の英語教育にあまり大きな問題がある様には思いません。週に数時間程度の短い授業を数年間やるだけで、あれだけ構造の違う外国語をほとんどの国民がそれなりに

理解できるのは本当に凄いことだと思います。さらに言えば、日本にいると実際に英語を使う必要がそもそもあまり存在しないのですから、慣れにくいのもまた当然の事です。それ以上を必要とするなら、あとは個人で努力するなり経験を積めば良いだけの事です。

　ことに一貫教育の優れている点は、その教育理念もさることながら、目先の競争にとらわれず比較的多くの時間を学生時代に自由に使えることにあります。自由な時間こそまさしく「多様性」のみなもとであり、それは人生においては英語の勉強をするのと同じか、それ以上に貴重なものであると主張したいです。私の場合は、結局その時間に好きなことをして現在に至り、奇しくも英語を使う仕事に就いているわけです。つまるところ英語で伝えるべき内容を21年間もかけて別の角度から教育されてきたわけで、これもまたひとつ超長期的な展望に立った学院全体としての「英語教育」だったと言えます。

　立教学院の寛容な校風のなかで、また自分自身も「多様性」を受け入れるという事を学んできた様に思います。簡単に言えば、自分との違いも含めて他者を否定せず心から尊重するという事です。たとえ宇宙人が同僚だとしても、友好的で清潔感あふれる奴ならば快く受け入れるという事です。ただ、職場に粘液を撒く類の「多様性」は、なるべくなら勘弁して戴きたいものです。グローバル英語を超えて、そもそも我々の頃から立教学院の外国語教育はその程度の懐なら持ち合わせていた様に思います。今後、日本の社会は本当にどこまで「グローバル」な人材を求めていくのか定かではありませんが、これからの世界が確実に必要とする柔軟でタフな人材の輩出において、一貫教育が大きく貢献できる事はまず間違いないと確信しています。

（理化学研究所 基礎科学特別研究員）

┌──コメント──
│　高校時代は、3年生の物理の授業にとても積極的に参加し意欲的な生徒でした。この授業は構成主義に基づき、さまざまな疑問や問題を提

起し、それについて考え、問題を解決するためのアイデアを生徒が出していくような展開で行っていました。この年のこの物理クラスには、後に立教大学理学部（物理）で学位を取得した者が3人おり、そのうちの一人が武井大さんです。在学中の彼は、何よりも、物理のこと、宇宙のことに興味を持ち、何があっても物理学科に進学したい、という強い希望を持っている生徒でした。彼の強い気持ちが、周りに伝わって一つ目の実を結んだと思っています。

（立教新座中学校・高等学校　理科教諭　林　壮一）

5　在学生の視点から見る立教学院の英語教育　千ヶ﨑祥平
——小・中・高・大の16年間をふりかえって

はじめに

　まず、簡潔に自己紹介をいたします。私は1998年に立教小学校に入学し、立教池袋中学校・高等学校を経て、2010年に立教大学文学部キリスト教学科に進学しました。新約聖書学を専攻しており、キリスト教が形成された当時のユダヤ教の状況に照らして新約聖書を理解しようと試みています。2014年4月には大学院のキリスト教学研究科に進学しました。留学経験はありませんが、小中高大一貫校の特色を生かした教育により、喜びをもって英語を学んできました。

　本稿では、16年間の英語学習の各段階をふりかえり、普遍性と多様性を併せ持った立教の英語教育の特長を探ってみたいと思います。

①立教小学校

　小学校では初歩的な英語を楽しみながら身につけます。入学以前は英語に触れる機会は殆どなく、私は立教小学校で英語に出会いました。授業はクラスを2分割し、会話しやすい少人数で行われます。ETM (Education Through Music) を重視し、単語を覚えるための絵入りのカードや、歌を使うゲーム等を採用しています。加えて、アルファベットを書いた

り、絵本を読んだり、基礎的な文法を教わったりすることがあり、LL教室を使う授業もあります。小学校では、英語に興味を持てるように授業が構成されています。読む・聞く・書く・話すという英語の4技能の基礎は、小学校で養われました。

②立教池袋中学校・高等学校

　中学校の授業は、小学校で触れた英語を、より実践的なものに育て、自由な運用へと導くものであります。一般的な検定教科書を使用する授業に加え、意見を述べるエッセイを作成したり、リスニングの練習を行ったりする「コミュニケーション」の授業もありました。先生の添削や、生徒同士のピア・リーディングによって文章を練り上げ、最終的な発表に臨みます。英語で英文法を解説した *Basic Grammar in Use* は、英語を深く学ぶきっかけとなりました。小学校の学習を踏襲した授業が展開される点も注目に値します。また、外国人の先生による1対4の選択授業は、会話や作文を通して実践的な英語を習得するよい機会でした。英語のニュースや新聞、Webサイトを用いた情報収集や、実用英語技能検定（英検）のための学習等を通して、学校以外でも英語を勉強するようになりました。

　高校に入ると、英語で述べられたことを理解し、考えを英語で発信する本格的な英語力が日常的に求められます。中学校と高校で同じ先生が英語科を担当することで、英語科における中高間の一貫性が保たれています。教材は幅広く、通常の教科書のほか、各種の英英辞典、米語発音教本の"*Whaddaya Say?*"、"CNN Student News"、英語の映画、初期近代英語の『欽定訳聖書』やW. シェイクスピアの著作等を利用しました。また、多くのスピーチを制作することを通じて英語で主張をまとめる訓練を行いました。さらに、4人前後で議論を行うネイティブ・スピーカーの先生の授業は、会話技術の習得に有用でした。授業以外でも英語史や語源を個人的に習い、外国人の先生と会話し、英検やTOEIC（Test of

English for International Communication) のための準備を進めるなどしました。多様な方法で得た英語の知識は、3年生で卒業論文を執筆する際に英語文献を読んだり、英語と同じゲルマン語派に属する独語の学習をしたりする際に有益でした。高校での様々な学習を通して英語の全体像が次第に見えてきました。

③立教大学

　大学では英語学習自体を目的とするよりも、各自の学習・研究を行う手段として英語を用いる機会が増えます。GTEC (Global Test of English for Communication) によって振り分けた習熟度別のクラスで8人の学生が英語ディスカッションを行う科目や、英語プレゼンテーションの科目は、全学共通カリキュラムの一部であり、系列校からの進学者が以前の経験を活用できる場です。各学科には専門的な英語講読の科目があり、他の講義でも英語文献を読む機会があります。卒論の執筆に際しての資料分析は、立教での英語学習経験に支えられました。キリスト教神学では、英・独・仏語等の近代語に加え、原典講読のためのヘブライ語・ギリシア語・ラテン語等が必要になります。仏語やラテン語、ギリシア語を学ぶ際には同じ印欧語族である英語の能力が間接的に役立ちます。英語を含む上記の言語を比較しつつ並行して学ぶことで、各言語の特徴の理解が一層深まります。英語の偏重によって他の外国語や日本語を軽視してはなりませんが、中世ヨーロッパでラテン語が知識人の共通語であったように、英語が現在広く使われているため、それを重点的に学ぶ意義は大きいと言えます。私見では、英語と他の外国語の先生方の協力により、複数の言葉を同じ授業で学べれば、多言語を扱う能力を効率的に高められると感じます。

　大学院では新約聖書を中心に神学の学びを続ける予定ですが、今後も、より上手に英語を使用できるよう学習を続けたいと思います。

④「英語の立教」の過去・現在・未来──150周年に向けて

　キリスト教主義と並び、英語は立教の建学の精神の一部であります。立教学院には、立教小学校、立教池袋中学校・高等学校、立教新座中学校・高等学校、立教大学が含まれ、約24,000人の児童・生徒・学生が在籍しています。2014年に創立140周年を迎えた立教学院の起源は、1874年（明治7年）、イングランド教会（英国国教会）の系譜に属する米国聖公会の宣教師、C. M. ウィリアムズ（Channing Moore Williams、1829–1910）によって東京・築地に設立された立教学校に遡り、それは英語と聖書を教える小さな私塾でした。つまり、本校は当初から英語教育を重視してきたのです。立教学院の理念は、Pro Deo et Patria です。このラテン語の直訳は「神と祖国のために」となりますが、近年では、真理を探究し、世界に仕えることを指すものとして広義に解釈されます。この目標を目指す上で、英語を自由に扱えることが一つの助けとなるでしょう。英語を始めとする語学能力は、本学が重視する、各分野の専門的な学びの土台となる普遍的な教養であるリベラルアーツの重要な構成要素とも言えます。

　立教のように、小学校から英語を学べる一貫連携教育を行う私立校は一般的な公立校と比較して魅力的といえます。しかし、小学校から英語を学べ、外国人の講師がいるという点に限れば、昨今の情勢の変化に伴い、私立校の優位性は薄れつつあります（さらにご関心をお持ちの方は、鳥飼玖美子「立教が目指す英語教育の一貫と連携」『英語の一貫教育へ向けて』立教学院英語教育研究会編、東信堂、2012年、5–33頁所収、特に9–12頁をご覧ください）。したがって、立教が今後も独自性を保ち、時代の要求に応える質の高い英語教育を継続するためには、今までの経験を生かすことで140年間に及ぶ伝統を批判的に継承する一方、新しい知見を取り入れて絶えず試行錯誤を繰り返すことが求められます。また、建設的な授業の成立は教わる側に依存する面もあるため、在校生の英語学習意欲の向上や卒業生の意見の活用もますます重要になると見込まれます。立教学院は、このよう

な活動を続ける能力を秘めていると見受けられます。

おわりに

　以上のように立教学院では、学習段階に合った各校の取り組みが調和し、英語の一貫連携教育という秩序ある全体を形成しています。立教で16年間学んだ一人として、本研究会の活動が英語教育を発展させ、立教学院が150周年を迎えられることを願ってやみません。

（立教大学大学院キリスト教学研究科博士課程前期課程在学）

コメント

　英語の授業に興味を持ち、疑問に思うことは自ら調べて、よく報告に来てくれました。そのうちに英語だけでなく、文学・聖書・他の言語にも興味を持ち、高3の卒業研究論文では聖書の原典に当たってすばらしい作品を完成させました。職員室の先生方とよく会話して、それぞれの詳しい分野からおもしろい話を引き出しては、自分の世界を広げていたのが印象的です。

（初瀬川正志）

第6章
座談会
現場の教員、一貫連携について大いに語る

〔編者コメント⑥〕
　最終章は、英語ワーキンググループ中核メンバーによる座談会です。
　現場の視点から一貫連携をどう捉えているのか、ふだんの会議そのままに率直な思いが語られています。

立教学院英語ワーキンググループ

鳥飼玖美子　立教大学大学院　異文化コミュニケーション研究科特任教授
西村　正和　立教小学校　英語ワーキンググループ座長
天野　英彦　立教小学校　英語科教諭
初瀬川正志　立教池袋中学校・高等学校　英語科教諭
古平　領二　立教新座中学校・高等学校　英語科教諭

（本座談会は「立教学院 NEWS 英語教育特集号」より転載、肩書きは当時のもの）

古平　　初瀬川　　鳥飼　　西村　　天野

立教学院の一貫連携教育において、もっとも長い歴史を誇る英語ワーキンググループ。小中高の英語科専任教員と大学・大学院の教授陣が強い信頼関係で結ばれ、14年にわたる研究、情報交換、目標共有の結果、活動記録『英語の一貫教育へ向けて』(東信堂、2012刊)の発刊をはじめ実に多くの実績を残しています。今回は英語ワーキンググループから各校を代表する教員5名に、日ごろの成果や英語教育への思いを語り合っていただきました。

● 14年間かけて培った英語WGの信頼関係

西村正和(以下、西村)　立教学院の英語ワーキンググループ(以下、英語WG)は立教学院の一貫連携教育の取り組みが始まるより早い1999年に「立教独自の英語教育の連携を考えよう」という熱意を持った小中高有志の教員による連絡会からスタートした長い歴史があります。2003年12月に立教学院の教学運営委員会の中で英語WGが誕生してからは、毎月1回の定例会、毎年6月の英語科教員研修会と、11月の授業研究会を行っています。

鳥飼玖美子(以下、鳥飼)　12年3月には、この成果として英語WGによる『英語の一貫教育へ向けて』(東信堂)をまとめることができました。私は02年から参加していますが、小中高が毎年持ち回りで1週間にわたり英語の授業を公開する、授業研究会を楽しみにしています。各校の教員が自由に見学することができて、学校側も「普段通りの授業風景を見てください」というスタンスです。終了後は意見交換で感想をフィードバックし、疑問点を確認して内容を深めていますが、これは一貫校でもなかなか実践できないことだと思います。

天野英彦(以下、天野)　それは私も実感しています。長年のWGの活動を通じて、立教学院の英語教員が互いに言いたいことを言い合える信頼関係が築けたと思っています。

西村　私はWGのなかに、大学の鳥飼先生、学院本部調査役の寺﨑

昌男先生がいてくださる意義も非常に大きいと思います。両名が早いうちからグループの目標や方向性を持つことを示してくださいました。小中高だけでは、つい実践現場の情報交換にウエイトを置きがちなミーティングも、大学の諸先生の多角的で理論的な指摘によって内容が深まるのですから。

初瀬川正志(以下、初瀬川)　WGからの要望もあって、小中高の教員のための科目等履修生制度ができ、私も異文化コミュニケーション研究科の授業を履修しました。実践と理論を共有し、各校でそれを深化できているのを実感しています。

●「もっと伝えたい！」という意欲を育むために

古平領二(以下、古平)　05年に、「発信型の英語力」「コミュニケーション能力」「異文化理解と対応」の3つの共通目標を定めて取り組んできました。WGの最初の5年間は情報交換が中心でしたが、09年からは理論研究に軸足を置いた活動を始め、最初の2年は「学習意欲の喚起」がテーマでしたね。

初瀬川　07年にはプロジェクトの一つとして、小学校から大学まで立教学院で学び、英語力を生かして社会で活躍している卒業生の追跡調査を行いました。教材と学習意欲、成果による研究をし、やはり自律的な学習者を育てる「学習意欲の喚起」が重視される結果となりましたね。

鳥飼　その際、各校で使用している教科書への意見も出ました。そこで中高と大学との連携強化の必要性を感じ、池袋中高と新座中高で使っている教科書を把握するために一覧を作成し、大学全カリ英語研究室に提供し、情報を共有するようになりました。

天野　指導内容の連携という面では、小6と中1の担当教員が互いの指導内容を共有する小中接続の連絡会も非常に意義があります。中学の教材を参考に、小学校のカリキュラムも改善されてきました。中学側でも立教小の学びを意識して、小4から英語で唱和している「主の祈り」

を授業で継続してもらえるようになったのは嬉しかったですね。

初瀬川　私の中1の英語授業では最初に「主の祈り」を唱えてから始めました。立教小からの生徒たちと、中学から入学してきた生徒をペアリングして「主の祈り」を学ぶのですが、これはまさに、小中のつながりからできた実践です。

古平　横の連携では、池袋中高と新座の中学校は合同で毎年、アメリカで行われている聖公会のサマーキャンプに参加しています。1週間、現地の子どもたちと寝食を共にし、さまざまなアクティビティをしますが、やはり学校で学んだことだけでは、外国の子どもたちとなかなか意思疎通がうまくいかないもどかしさを感じるようです。これが「もっと英語で伝えたかった！」という体験型のモチベーションとなり、その後の熱心な英語学習へとつながっていきます。小中高でさまざまな海外プログラムがありますが、卒業後、「英語に関わる仕事に就いています」という報告をしてくれる子は、そのような体験も影響していると感じますね。

　主の祈り

Lord's Prayer

Our Father, who art in heaven

hallowed be thy Name,

thy Kingdom come,

thy will be done,

on earth as it is in heaven.

Give us this day our daily bread.

And forgive us our trespasses.

as we forgive those who trespass against us.

And lead us not into temptation,

but deliver us from evil.

For thine is the Kingdom, and the power, and the glory,

for ever and ever.

Amen

● 英語WGの取り組み…
その成果とは？

鳥飼　英語WGは実質的には画期的な取り組みをしているにもかかわらず、例えば、一貫カリキュラムのような分かりやすく目に見える成果をうたうことはできません。ただ、それは立教学院の各校が大学の単なる付属校ではなく、それぞれが自立した独自のカリキュラムを実践していることの表れでもあります。私はその独自のカリキュラムこそが立教学院の大きな特徴であり、メリットでもあると思っています。

西村　例えば、小学校の特徴は、ETM（Education Through Music）という音楽による英語の授業です。英語の音とリズムを体で覚え、自分とクラスメート、そのコミュニティも尊重しながら関わり合っていく全人的な学びを目的としています。

天野　「小学校は中高の先取りではなく、小学生にとって最適な英語教育を」という視点を小中高の共通理解としています。一方で、小中の連絡会の成果もあり、「中学入学までにはこういうことを身に付けたい」と課題を意識してカリキュラムを考えています。例えば、中学校ではテキストや文法の学習を中心とした授業になるため、耳からの情報だけでなく視覚的にも慣れてもらおうと単語カードなどを使い、言葉の意味や発音を意識化するようになりました。英語WGによって、中高からのフィードバックがあることで小学校の実践が変わった事例は多数あります。

鳥飼　各校の教員同士がフィードバックする機会など、通常はありませんからね。本来なら「失礼になるかな」「言いにくいな」と思って黙っていることも、なんでもオープンにできる。WGとして10年近く、そ

の前の連絡会の時代を含めれば15年近くかけて培ってきた信頼関係は素晴らしいですね。

● 言語力をきめ細かく評価するCEFRへの期待

古平 新座中高の特徴でいえば、2007年に高2の英語を「習熟度別」から「学習指向別」のクラスに変えました。「読み」「書き」「聞き」「話す」4技能のうち、自分の指向に合った技能をけん引役（得意分野）として伸ばしつつ、他の3技能も引き上げていく仕組みです。毎回の授業が得意分野からの導入となるため、以前の習熟度別より学習意欲が向上し、効果的な授業展開ができていると思います。

西村 4技能の指向別で授業が展開できるとは注目すべき点ですね。英語WGは12年度から、「CEFR」について文献を読みながら研究しています。

鳥飼 CEFRは「ヨーロッパ言語共通参照枠」という言語熟達度の尺度で、「何ができるか」（Can Do）という能力記述で言語運用能力を評価します。何語にでも使うことができる枠組みです。日本では中高大学の英語教育分野で応用が盛んになりつつあるので、英語WGで取り上げようとなったのでしたね。

初瀬川 一貫校のメリットとして、英語WGの3つの目標の一つである「発信型の英語力」の能力は高いです。小中高ともスピーチやエッセイの時間など発信型の実践授業が多く、「自分の言いたいことをどのように発信するか」という力が身に付いており、大学でもプレゼン力などに十分生かされていると思います。こういう力も、CEFRでは明確に評価できることが期待されますね。

古平 CEFRであれば今後、現在の入試システムでは測ることのできなかった英語力も明らかにすることもできるでしょうね。しかし一方で、受験のない立教中高の生徒が、大学の英語プレイスメントテストのレベルは決して高くはないと言われていることも確かです。本物の英語力を

つけるためには、4技能の「読む」「聞く」などの十分なインプットがやはり課題だということを実感しています。

● これからも立教ならではの英語教育を

鳥飼　先生方の問題意識や特色ある取り組みこそ、やはりこのWGならではだと思います。なにかをカタチにしようとして、誰かが号令をかけてトップダウンで物事を進めるのは、ある意味で簡単です。しかし、「自由の学府・立教」の校風を生かした、各校の教員の自立した草の根的な英語WGのあり方こそ、立教学院らしさだと思います。

天野　確かに私たちは、建学時から続く理念を共有することで同じゴールを見据え、お互いの声を聞き、尊重しつつも刺激し合ってきました。その結果、私自身の「自己変革」を感じていますし、立教小の英語教育も少しずつ変化しています。

初瀬川　私もWGの活動や大学院で最先端の英語教育に触れたことが刺激となり、現場での意識も大きく変わったと思います。

鳥飼　こうした教員たち一人ひとりの実践が、ますます大きな英語一貫連携教育の動きになっていくのだと確信しています。英語は「自分と世界を結ぶ窓」のようなもの。児童・生徒・学生には、立教での学びを通してその窓を大きく開き、自らの可能性を広げてほしい。そのためにも、私たち英語WGの取り組みは今後も続いていきます。

執筆者一覧　（執筆順）

鳥飼玖美子（とりかい くみこ）　　立教大学特任教授、編者
寺﨑　昌男（てらさき まさお）　　立教学院本部調査役、東京大学名誉教授
　　　　　　　　　　　　　　　　立教大学全学共通カリキュラム初代部長
西村　正和（にしむら まさかず）　立教小学校教諭
初瀬川正志（はせがわ まさし）　　立教池袋中学校・高等学校教諭
天野　英彦（あまの ひでひこ）　　立教小学校教諭
土間　沙織（どま さおり）　　　　立教新座中学校・高等学校教諭
藤本　　勉（ふじもと つとむ）　　立教池袋中学校・高等学校教諭
後藤　直之（ごとう なおゆき）　　立教新座中学校・高等学校教諭
白石　典義（しらいし のりよし）　立教大学副総長、経営学部教授
森　　聡美（もり さとみ）　　　　立教大学教授、全学共通カリキュラム
　　　　　　　　　　　　　　　　英語教育研究室主任
藤本　麻奈（ふじもと まな）　　　元・立教池袋中学校特別任用講師
安原　　章（やすはら あきら）　　立教池袋中学校・高等学校教諭
古平　領二（こだいら りょうじ）　立教新座中学校・高等学校教諭
横山　祐子（よこやま ゆうこ）　　立教新座中学校・高等学校教諭
綾部　保志（あやべ やすゆき）　　立教池袋中学校・高等学校教諭
白石　大知（しらいち だいち）　　立教池袋中学校・高等学校教諭
北岡　常彬（きたおか つねあき）　立教新座中学校教諭
樋口　　宏（ひぐち ひろし）　　　キヤノンヨーロッパ勤務
東條　吉純（とうじょう よしずみ）立教大学総長室長、法学部教授
中田　達也（なかた たつや）　　　私立大学外国語学部英語専任教員
副島　智大（そえじま ともひろ）　マサチューセッツ工科大学・在学
武井　　大（たけい だい）　　　　理化学研究所特別研究員
林　　壮一（はやし そういち）　　立教新座中学校・高等学校教諭
千ヶ﨑祥平（ちがさき しょうへい）立教大学大学院キリスト教学研究科・在学

編著者紹介

鳥飼　玖美子（とりかい　くみこ）

立教大学特任教授。立教大学大学院異文化コミュニケーション研究科教授（研究科委員長）、東京大学大学院教育学研究科学校教育高度化専攻客員教授を経て、2011年から現職。国立国語研究所客員教授、順天堂大学客員教授。日本学術会議連携会員。NHK「ニュースで英会話」全体監修およびテレビ講師。上智大学外国語学部卒業、コロンビア大学大学院修士課程修了、サウサンプトン大学大学院人文学研究科博士課程修了 (Ph.D.)。文部科学省大学設置審議会委員、内閣府政府広報アドバイザーなど。日本通訳翻訳学会会長、国際翻訳家連盟理事等を経て国際文化学会常任理事など。著書に『英語教育論争から考える』（みすず書房、2014）、『戦後史の中の英語と私』（みすず書房、2013）、『異文化コミュニケーション学への招待』（編著）（みすず書房、2011）、『国際共通語としての英語』（講談社、2011）、『英語公用語は何が問題か』（角川書店、2010）、『通訳者と戦後日米外交』（みすず書房、2007）、『歴史をかえた誤訳』（新潮社、1998/2004）、『危うし！小学校英語』（文藝春秋社、2007）などがある。

一貫連携英語教育をどう構築するか──「道具」としての英語観を超えて

2015年3月14日　初　版第1刷発行

〔検印省略〕
定価はカバーに表示してあります。

編者者Ⓒ鳥飼玖美子／発行者　下田勝司

印刷・製本／中央精版印刷

東京都文京区向丘1-20-6　郵便振替 00110-6-37828
〒113-0023　TEL (03) 3818-5521　FAX (03) 3818-5514

発行所　株式会社　東信堂

Published by TOSHINDO PUBLISHING CO., LTD.
1-20-6, Mukougaoka, Bunkyo-ku, Tokyo, 113-0023, Japan
E-mail : tk203444@fsinet.or.jp　http://www.toshindo-pub.com

ISBN978-4-7989-1289-9 C3037　Ⓒ Torikai Kumiko

東信堂

大学の自己変革とオートノミー—点検から創造へ	寺﨑昌男	二五〇〇円
大学教育の創造—歴史・システム・カリキュラム	寺﨑昌男	二五〇〇円
大学教育の可能性—教養教育・評価・実践	寺﨑昌男	二五〇〇円
大学は歴史の思想で変わる—FD・評価・私学	寺﨑昌男	二八〇〇円
大学改革 その先を読む	寺﨑昌男	一三〇〇円
大学自らの総合力—理念とFD そしてSD	寺﨑昌男	二〇〇〇円
一貫連携英語教育をどう構築するか—「道具」としての英語観を超えて	鳥飼玖美子編著	一八〇〇円
英語の一貫教育へ向けて	立教学院英語教育研究会編	三八〇〇円
近代日本の英語科教育史—職業系諸学校による英語教育の大衆化過程	江利川春雄	三二〇〇円
高等教育質保証の国際比較	羽田貴史編	三六〇〇円
学士課程教育の質保証へむけて—学生調査と初年次教育からみえてきたもの	山田礼子	三六〇〇円
大学教育を科学する—学生の教育評価の国際比較	山田礼子編著	二八〇〇円
一年次(導入)教育の日米比較	山田礼子	二八〇〇円
学生支援に求められる条件—学生支援GPの実践と新しい学びのかたち	清島秀勇人多司	二八〇〇円
大学生の学習ダイナミクス—授業内外のラーニング・ブリッジング	河井亨	四五〇〇円
ポートフォリオが日本の大学を変える—ティーチング/ラーニング/アカデミック・ポートフォリオの活用	土持ゲーリー法一	二五〇〇円
ティーチング・ポートフォリオ—授業改善の秘訣	土持ゲーリー法一	二〇〇〇円
ラーニング・ポートフォリオ—学習改善の秘訣	土持ゲーリー法一	二五〇〇円
「主体的学び」につなげる評価と学習方法—カナダで実践されるCEMモデル	土持ゲーリー法一訳	一〇〇〇円
主体的学び 創刊号	主体的学び研究所編	一八〇〇円
主体的学び 2号	主体的学び研究所編	一六〇〇円

〒113-0023 東京都文京区向丘1-20-6　TEL 03-3818-5521　FAX03-3818-5514　振替00110-6-37828
Email tk203444@fsinet.or.jp　URL:http://www.toshindo-pub.com/

※定価：表示価格（本体）＋税